你現在的辛苦，來自還沒告別陰影的自己

羅伯特．奧古斯都．馬斯特斯 Robert Augustus Masters——著
謝明珊——譯

目錄 CONTENTS

目錄 CONTENTS

推薦序

潛入內心的勇氣

在靈性圈裡，大家總是片面地強調愛、光和彩虹，彷彿全人類的黑暗與伴隨而來的不適，只要用夠多的水晶、閃亮的新穎修行法、超然的冥想、脈輪清理、肯定句、正向心理學就可以避開。但是，如果你的那些黑暗根本不值得害怕呢？本書大膽主張，探索這些黑暗，就可以開闢一條真正根本的道路，通往真實的覺醒，有些人甚至能在黑暗中綻放！

許多人不敢潛入黑暗面，深怕會發現什麼，誰知道在我們的心靈底下，隱藏著什麼怪物？如果神祕主義者說得沒錯，我們都是一體的，那麼每個人的內心都可能藏著殺人犯、強暴犯、背叛者、撒謊者、貪婪的物質主義者、愛操控別人的性感尤物，或是以自我為中心的自戀者。我們心想：「如果我發現，我不像自己以為的那麼正直、純潔、無辜和誠實，要如何面對人生？如果我被這些黑暗淹沒了，會發生什麼事？我會不會掉進無底洞，再也回不到光明？」

任何做過陰影探索的人，哪怕只做過一點點，都知道潛入內心的黑暗深處，會發現令人極度不舒服和痛苦的東西。當我們揭開否認的面紗，頓時就會看得更清楚，原來是自己在不經意間傷害了自己，更痛苦的是，還傷害了自己所愛的人。勇敢面對這麼多的不適，需要一些重要能力，包括對自己溫柔、不害怕羞恥。一方面，我們要願意面對和擁抱痛苦；另一方面，又不能陷入自我虐待的陷阱，這需要極大的溫柔，還需要一絲幽默感，既然**每個人**都有缺陷，那麼對人類完美的幻想，只是一種幻覺罷了，就連我們在心中奉為聖人的人，一旦靠得太近，也會顯露出陰影。

目睹別人身上的陰影，會陷入幻滅和失望；而面對自己的陰影，則會陷入羞恥和退縮，但是與其這樣，何不帶著同情、幽默和好奇，來面對有缺陷的人性？去欣賞我們人類的可愛之處，從彼此共同的陰影找到療癒和安慰，而不是為了人性無可避免的缺陷，拚命地攻擊自己或他人。

陰影探索也是在探索自我，在進入黑暗的過程中，若是缺乏謹慎引導，可能會引爆嚴重的認同危機，因為當我們剝除跟愛和真理無關的一切，就會發現某種超越自我敘事的本質。幸運的是，心理學家暨心靈諮商老師羅伯特．奧古斯都．馬斯特斯（Robert Augustus Masters）寫了這本睿智、深刻、激進、溫柔的書，他深入探索自己內心的黑暗角落，並且持續努力，辛苦爭取到陰影導師的資格。本書猶如一支金色的手電筒，指引我們踏入內心的洞穴，好好地探索創傷、投射、用靈修逃避痛苦的傾向，還有我們的抗拒。

面對內心那些難以啟齒的部分，包括自私、虐待、霸凌、無力、上癮、退化的內在小孩（inner child）、性侵的傷痛，甚至是反社會或自殺的念頭，可能會覺得極度痛苦。為了結束惡性循環，請停止把羞恥向外投射，勇敢面對我們幾乎無法忍受的自己，這需要喚起英雄般的勇氣。然而，你在本書中會遇到一位可靠的導師，他經歷生活的磨練，成為深層陰影探索的導師，他勇敢深入自己的黑暗，和自己的盲點相遇，用愛與覺知來應對，進而開悟、療癒和轉化。

如果你已經準備好，不妨以溫柔又合適的步調踏上這次探索之旅，發掘陰影可能藏匿的角落：我們的制約、恐懼、和危險的關係、憤怒、羞恥、悲痛、自戀、成癮、性愛、靈性、對死亡的恐懼、抗拒、誠實的意願，以及我們如何與邪惡相處。馬斯特斯博士甚至更進一步，潛入陰影探索本身的陰影中，這是讓許多人誤入歧途的陷阱，例如「自以為已經抵達終點」，這種致命的病毒，讓一些非常熟練的靈性領袖、勵志作家和心理學家，誤以為自己超越陰影，或者不用再進行陰影探索。

本書第一篇提供專業指導，引領我們深入陰影經常藏匿的角落；第二篇也很精彩，介紹各種工具、實踐及資源，把更多的光明帶入內心的黑暗，實現真正的療癒和轉化；第三篇會學習與痛苦共處和合作，因為若是無法容忍痛苦在內心流動，就會引發過度的緊繃反應，便無法展開深度的陰影探索；第四篇則會探討集體陰影、跨世代創傷、文化創傷後壓力症候群（Post-Traumatic Stress Disorder, PTSD）等黑暗的角落，這些早就應該探討的議題。除非我們能夠面對人類所做的選擇，及其帶來的創傷和可怕後果，否則就無法突破障礙，邁向更寬廣、更有愛、更團結、更光明的集體意識。

踏上本書的旅程，可能會令人卻步。一想到自我探索伴隨著痛苦，多數人都不願全心投入。而我從事陰影探索十年了，可以用個人經驗向你保證，迎接你的痛苦，不再迴避的回報是巨大的，就算過程中感到不適，一切仍是值得的。雖然探索內心深處的洞穴，沒有「終點」可言，是一生的功課，但是在過程中，你會感覺放鬆，開始敞開自己，進入更無垠的喜悅狀態，體驗無條件的愛，培養出全然的自我慈悲，進而有能力把這些愛與關懷分享給其他人。

當你知道自己可以應對最大的痛苦，當你對自己無條件的愛超越一切，你內心的創傷泡沫便已經被刺破，釋放開來，你對於覺察和療癒已經不再抗拒，這時候你的心就會敞開。而敞開的心能帶來什麼？那是一種難以言喻的喜悅；和自己、他人及神性之間，建立深不可測的親密關係；重新點燃使命感；提升創造力；達到最佳的健康狀態；喚醒性的能量；釋放心理的攣縮，讓思想變得開放，充滿好奇心，盡情享受未知；體驗到孩子般的純真，同時擁有成年人的覺醒，而這一切，都是因為你感受到生命的同步、神奇和奧祕，並且從中找到驚奇、奇蹟與樂趣。

當你面對自己的使命，選擇欣然接受時，就等於為自己包裹上溫暖的毯子，再倒上一杯茶，帶著安慰和溫柔，擁抱自己那些害怕前進的部分——給自己一個甜美滋養的擁抱，向內心抗拒的部分允諾，你就會順著最緩慢的自己，以最自在的速度前進，並且向自己保證，所有即將揭露的真相都可以被接納，被愛的瀑布包圍，所以療癒注定會發生。隨著你不斷前進，就會得到豐厚的回報，擁有更多的自由，能夠在黑暗和光明之間自在穿梭，還會擁有更多的（我可以這麼說嗎？）開悟。

莉莎．蘭金（Lissa Rankin），醫學博士

《紐約時報》（*New York Times*）暢銷作家，著有《心靈更勝藥物》（*Mind Over Medicine*）

《恐懼療法》（*The Fear Cure*）和《召喚解剖學》（*The Anatomy of a Calling*）

前言

把陰影帶出黑暗

潔絲有個習慣，每當有人質疑她一些無關緊要的小事，她經常會過度防衛。昨天，父親只是提到她兒子的學業狀況，她又反應過度了。如果換成丈夫，她的反應會更劇烈，所以丈夫已經學會和她相處要小心翼翼，以免遭到攻擊和拒絕，但是丈夫這種態度反而讓她火冒三丈。

喬是典型的好好先生，常被妻子和老闆欺壓，無論多努力討好，始終覺得自己渺小又卑微。妻子希望他坦率表達情感；他試過了，但是妻子永遠覺得不夠，明顯對他不滿，他真希望一切能有所改變。

艾倫面對悲傷，無論是自己還是別人的，無論悲傷背後的原因，他總是反應遲鈍，極不自在。母親快要過世了，他陪伴母親走過人生的最後時光，但卻盡量避免動情，已經很久沒哭過了。

凱薩琳總是情不自禁愛上冷漠的男人，她的心裡很清楚，但似乎無法抗拒。現在的伴侶對情感麻木，她想找對方一起做伴侶諮商，但是對方不肯去。其實她還沒有意識到，自己真正交往的並不是那個人，而是她對那個人的期望。

潔絲、喬、艾倫和凱薩琳四個人，有什麼共同之處？他們都被自己的陰影驅使著。

***

我們的陰影猶如內心的儲藏室，存放著自己否認或拒絕接受的東西，或是以其他方式隱藏的東西，例如憤怒、羞恥、同理心、悲痛、脆弱及尚未化解的創傷。

每個人都有自己的陰影，聚集這一輩子學會隱藏的特質。我們為了生存，學會否認或埋藏深層的痛苦和核心創傷。許多人拚命把這些事情藏起來，以為這麼做就安全了，可以獲得愛和接納，但是往往有一天會突然爆發出來，令人措手不及或不安，或者在生活中形成暗流，不知不覺地掌控我們的行為。當陰影變成主導者，往往會破壞我們與他人或自己的關係，不管人生看起來多麼美好，內心仍充滿痛苦和不幸。

每個人都有陰影，但不是每個人都認得自己的陰影。我們對陰影認識的深淺，決定它對我們的影響、控制和掌控。但是只要我們轉向自己的陰影，探索並處理陰影內部的東西，反而會開始擺脫暗流，不再被控制、驅使和束縛。

除非我們停止逃避，真正面對內心的陰影，否則它會繼續影響我們的所作所為。一開始，你只需要懷抱好奇心和意願，看看以前避而不見的自己。但不要擔心，深入自己的黑暗，探索那些沒去過的領域，是一種勇敢的行為，也是在坦誠面對自己的弱點。

＊＊＊

當潔絲探索自己為什麼會過度防衛時，她發現了羞恥感，尤其是在小時候，父母常責怪她的能力不足，讓她覺得羞愧。那時候，她想要逃避羞恥感，不經意地把它轉化成攻擊反應。想要打破這種舊模式，她不僅要面對羞恥感，還要找出源頭。

小時候，父親對喬特別嚴厲；每當他頂嘴或是用其他方式自我辯護時，就有可能惹禍上身，於是他學會隱藏力量，這樣會比較安全。直到現在，他依然否認自己的力量，把它「安全地」藏在陰影中。他探索陰影的過程，就是要重新找回他的力量，練習用安全的方式展現出來。

當艾倫覺察自己的陰影時，發現了大量的悲傷和哀痛，童年生長的家庭充滿一堆壓抑或凍結的情感，任何悲傷的表現似乎都不得體。隨著他深入探索陰影，淚水逐漸湧現，包括過去和現在的。他學習接納這種情感流露，並連結內心的小男孩，這個內在小孩至今仍壓抑悲傷，深怕會失去父母的愛。

凱薩琳探索陰影之後，終於明白她為什麼總會愛上冷漠的男人，因為她在童年時期一直渴望連結情感麻木的父親。她必須深入黑暗，將內心的小女孩帶出來，重新與她產生連結，而不是像過去一樣，只是和她融為一體（導致她反覆愛上同一類型的男人，重演童年創傷）。

＊＊＊

我們起初看到陰影裡的東西，可能會覺得沮喪，裡面有一些令人不適和不光彩的東西，不會因為被我們發現就永遠消失。我們面對陰影，有兩條路可走：一是逃避黑暗混亂的陰影；二是直接面對，開始清理，一點一滴地把陰影帶出黑暗。

探索我們的陰影，最初可能只停留在頭腦，但是只要越來越深入，逐漸觸及內心不那麼舒服的角落，遲早會發生質變，不再只是理智的思考，也不是簡單的自我成長練習，這會通往更深刻的體驗和探索，撼動存在的根基。聽起來有點可怕，確實需要極大的勇氣，但它的回報也很大！

把我們的陰影帶出黑暗，有什麼好處呢？

跳脫制約（conditioning，根深柢固的慣行模式），獲得更多的自由。探索陰影並不會消除制約，但是會改變我們和陰影的關係，直到有一天，陰影不再掌控我們為止。

更能建立親密健康的關係。越了解自己的陰影，陰影越不會破壞你的關係。

一種更豐富、更踏實的完整自我。探索陰影的過程，可以轉化內在的矛盾，讓我們的生理、精神、情感、心理及靈性層面，達到最完美的和諧狀態。

學會從困境中成長。主要是因為舊創傷對你的影響大幅減弱，即使面對痛苦，也不再覺得有問題，而是會了解痛苦的來源，懂得如何應對。

更有活力。將陰影藏起來，壓抑它，會消耗一堆能量；相反地，當你開始探索和處理陰影，其實會比逃避或壓抑它更省力。

更強的行動力。你未來的行動，無論有多強烈，都不再源自隱藏的陰影，而是帶著同理心，直接面對自己和別人的陰影。

本書是要幫助你揭露、理解、善用陰影。我寫出來的內容，是基於過去四十年的工作經驗，這些年來，我一直引領大家探索苦難和突破，自己也不斷地探索陰影，包括本身的陰影。

我第一次覺察到陰影是在二十多歲，當時感情破裂，極度痛苦。於是，我自青少年以來隱藏的脆弱全部湧現出來，既淹沒了我，也解放了我。我感覺到一種多變又多元的完整性，激勵自己繼續前進，持續探索陰影。一路上，走了許多彎路，幾度苦苦掙扎，連滾帶爬，但是我撐過來了，最終更願意接納自己的全部，更能建立深厚的親密關係。對我來說，探索陰影這件事，不再是一種練習，而是一種生活態度，讓我滿懷謙卑，極具啟發，我的愛越來越成熟，達到更深層的理解和體驗，接納生命的奧祕。我為別人做的治療與心靈探索，也是把陰影探索擺在第一位；如果我忽視它，對他們來說是莫大的損失。

本書分為四篇。第一篇是認識我們的陰影：理解我們的制約，探索陰影與主要情感之間的關係，思考陰影元素，包括抗拒、性愛、成癮、死亡和靈性。這些章節會概述陰影與人格特質的關係，你也會逐步覺察這些特質是否藏在自己的陰影中，對你的影響有多大。

第二篇會實際探索自己的陰影。在這個過程中，不僅會把陰影帶出黑暗，還會深入探討如何與內在小孩、內在批評者（inner critic）和內在破壞者（inner saboteur）相處，這些都會幫助你善用陰影。

第三篇是面對、感受和處理痛苦，因為痛苦與陰影密不可分。陰影之所以會存在，往往是因為太痛了，才會被你狠狠推開，隱藏起來，以免自己受傷。因此我們探索陰影時，面對和陰影相關的痛苦，也要學會接納與感受。如果迴避痛苦，或是只停留在頭腦，即使進行陰影探索，也不會有太大的收穫。因此，我們要學會安全接觸痛苦，並且巧妙應對痛苦。

認識自己的陰影，也會碰觸到集體陰影，包括家庭、社群、政黨、國家的陰影。第四篇會關注集體陰影，以及這對所有人的深遠影響，尤其是對領導人的影響。認識這個層次的陰影，現在格外重要，因為唯有如此，才可以把這些陰影及其中的所有創傷全部帶出黑暗。如果不這麼做，大家不共同努力，人類的未來就會非常黯淡。

面對陰影，學習探索陰影，是每個人的使命，這是一段必須展開的冒險，唯有如此，才會在每個層面瞄準真正重要的目標。

無論已經準備好探索陰影，或是仍在猶豫不決，你都會被接納。

你的陰影依然如故，等待著你。

第一篇

與陰影相遇

第一章
認識我們的陰影

陰影（shadow）是內心的一個角落，包含我們不知道、不喜歡或不接受的部分，統稱為陰影，確實很貼切，因為它缺乏光明，儲存的東西都藏在黑暗中，只是隱藏程度不一。無論我們去哪裡，無論有沒有意識到，陰影都會一路尾隨。

在陰影裡有我們刻意忽視和隱藏的制約，包括無意識的自動慣性行為、思維、感受及選擇。此外，陰影是我們不願意承認與接納的自己，於是用了各種方式拒絕，堅持「那不是我」。陰影也是我們想要擺脫或隱藏的部分，例如尚未化解的創傷源頭。以下是陰影可能會有的東西：

- 恐懼，例如表現出深層焦慮。
- 憤怒，例如氣到有攻擊反應。
- 羞愧，例如放大羞愧的感受，覺得受到羞辱或拒絕。
- 同理，例如誤解同理心，以為這是軟弱的表現。

- 不太光彩的意圖，例如為了掌控局面，努力「當個好人」。
- 抗拒，例如因為拒絕某件事，遭到他人壓抑或噤聲。
- 內在小孩，例如刻意迴避或淡化童年的創傷。
- 內在破壞者，主要是做一些自我挫敗的行為，卻一直說自己是受害者。
- 性行為受到一些無關的因素影響，例如希望被人需要。
- 悲痛，例如最深層、最純粹的悲傷。
- 偉大和美麗，這是我們早已學會壓抑的高尚特質。

想知道自己有哪些陰影，最快速的方法就是詢問自己：有哪些特質是你討厭的？你可能不希望自己會有，所以拚命排斥或忽視。一開始，可能只看到特質的表面，例如缺乏安全感或煩躁不安，卻沒有警覺這只是冰山一角。然而，一旦我們領悟到，自己討厭的特質不僅僅表面那些，可能會更願意深入探索，甚至追溯它的源頭。越是深入探索，就越有機會明白，我們所否認的特質其實對自己有益。

例如，妻子經常抱怨，每次生泰瑞的氣，泰瑞就會緊閉心扉。泰瑞也知道這種行為有問題，希望自己可以對妻子敞開心扉，保持情感連結。但問題是，每當妻子生氣時，他就覺得脆弱、非常不舒服，所以不得不緊閉心扉，以免感到脆弱和不適。

等到泰瑞開始探索陰影時，就發現在自己的陰影裡，不僅僅是脆弱，還有他和脆弱聯想在一起的羞辱，從小就一直跟著他。小時候，每當兄弟嘲笑或貶低他時，如果他哭了，對方只會更看不起他。後來他做了一些諮商，回想起這些童年經歷，發現和他的現況息息相關，於是他重新看待自己的脆弱，反而把脆弱視為力量，而不是弱點。從此以後，即使妻子對他發火，他也不再輕易切斷感情的連結。

第一個練習

分析陰影元素

先憑直覺完成第一個句子，大聲念出來，立刻把你剛剛說的話寫下來。其餘幾個句子也這麼做。接著，把每個答案重新看過一遍，有任何新的想法，隨時都可以補充。

我內心常常感到厭惡的是＿＿＿＿＿＿。

我最不習慣表達的情感是______。

當我和別人爭論，最難承認的是______。

當我在關係中，最難以表達的是______。

關於我這個人，最不想讓別人知道的是______。

我不喜歡承認自己______。

當我感到羞愧時，通常會______。

我最容易評斷他人的是______。

當我______時，往往會放棄自己的力量。

分析上述答案，就會發現部分或全部的陰影。

如果你的答案寫得不夠清楚也沒關係，重要的是你已經開始面對自己的陰影，對陰影感到好奇。向內覺察是一個持續探索的過程，抱持這個正確的心態很重要。

和陰影建立連結

探索陰影時要善用技巧，與陰影的特質和行為連結，無論陰影有多麼不堪或討人厭。不僅僅從理智去分析，還要從情感、身體和靈性去連結。

面對特定的陰影元素，不妨試著加以**擬人化**，想像它是你邀請的客人，坐在你的面前，這位客人也許很棘手或令人討厭，但來者是客。這位客人有可能是憤怒、羞恥、恐懼、某個身體部位、對某種人的厭惡、在某個生活領域不願意承擔責任，包括我們不願面對的、從未面對的、拚命隱藏的。

安妮和自己的憤怒保持距離，刻意壓抑，因為她的父親動不動就發脾氣，對家人暴力相向，嚇壞家中每個人，導致全家人都害怕發怒。於是，他們把怒氣往肚子裡吞，拚命壓抑和逃避，只為了獲得一絲安全感。安妮長大成人後，踏上靈修的道路，她喜愛靈修帶來的平靜，可是在那條路上，發怒是一種缺乏靈性、不健全的行為，與她童年的經歷不謀而合。於是，她把憤怒全都鎖在陰影裡，和別人相處時，她難以設立界限；她總是保持甜美可人的形象，以和為貴，從不反擊；她過度遷就朋友的需求，卻忘了照顧自己，覺得自己「不得不」迎合別人的需求與要求，卻好希望自己不要這樣。

最終，安妮恍然大悟，她和她的靈修之路都誤解了憤怒，以為憤怒就是侵略與惡意，所以大部分的憤怒都鎖在陰影裡。當她刻意撥出一小段時間，面對自己的憤怒，感受怒氣的升起，小心表達出來，她開始看清自己對憤怒的誤解，這跟侵略和惡意不必然有關。她開始深入了解自己的憤怒，久而久之，不再拒絕憤怒，也不再把憤怒藏在陰影裡，反而把憤怒當成盟友、資源、發自內心的激情，值得好好駕馭和利用，藉此滋養自己的生命（例如設立與維持健康的界限）。

我們隱藏在內心深處的東西，並不會因為看不到、聽不到或感受不到而就此消失。事實上，我們越是推開或忽視它，它就會變得越強大，越根深柢固，逐漸滲透到日常生活中。關在籠子裡的動物，尤其是關在黑暗、容易被人遺忘的籠子裡，關得越久，一旦被釋放或逃出來，反而會做出更糟糕的行為。這並不是動物的錯，陰影也是同樣的道理，當我們將陰影推向黑暗時，越是拚命壓抑，陰影就會顯得更怪異或陌生。

以憤怒為例，如果長時間壓抑、消音、鎖在黑暗中，一旦憤怒突破束縛，可能會用不健康的方式表達。這不代表憤怒本身是壞的或不健康的，真正的問題是過度壓抑與處理不當。

在一個溫暖光明的環境，面對我們的憤怒（或其他情感），深入探索，就可以看得更清楚，學會用正確的方式表達，讓自己和別人都可以幸福。我們不可能逃避陰影，無論陰影看起來有多麼遙遠，都是我們的一部分。

探索陰影，才能讓現在的生活找回光明

陰影的概念由來已久，形式多元，但始終無法進入主流文化，**陰影探索**也是如此。然而，探索內在的陰影，不必那麼複雜或抽象，不必拘泥框架，也不見得要從理智的角度思考。這反而需要深刻地觀察、感受和理解，不可以忽略陰影引發的本能反應，以及它對我們決策能力與命運的巨大影響。陰影探索必須從個人經驗出發，並不適合泛泛而論。

轉向我們的陰影，無論轉向的幅度有多大，都是從抽象的概念邁向直接的體驗。這也是脫離舒適熟悉的事物，邁向令人不安的新事物和未知，以及那些潛藏的驅動力。

我的案主馬克出軌，對妻子撒謊，最終妻子得知全部的真相，接下來的一年內，馬克一直表現「良好」，盡量做到無可挑剔。他的妻子非常感激，卻仍感到不安。當馬克告訴我，希望妻子可以再次相信他時，我告訴他，妻子不願信任他，不僅僅是因為他的所作所為，還是因為

她感覺到，他之所以會出軌的那股動能還潛伏在心中。我看見他內在的矛盾：他的左眼流露著真誠、痛苦和一絲平淡，但是右眼卻散發出更黑暗、更冷漠的氣息。我讓他面對我，舉起左手，遮住左眼，然後引導他，表達他用右眼看著我時感受到的情緒，包括侵略性與優越感，雖然一直被壓抑著，卻真實存在。

在我的引導下，他右眼的情緒與表情越來越強烈，想要繼續和其他女性來往的一面開始浮現。我告訴馬克，想要盡量接觸他這個面向。我繼續引導他，他變得非常有活力，充滿熱情，不再呈現善良體貼的形象，而是讓那個肆無忌憚的一面，不加掩飾地表達出來，沒有任何歉意。他在這麼做的過程中，那個渴望左擁右抱的青少年也隨之浮現。這個帶有侵略性和優越感的自我，不再隱藏起來，不再被善意掩蓋，讓他如釋重負。當他展露這樣的自我，和它建立健康的關係，便不會陷入其中，受其支配。

他持續關照自己的這一面，一旦這樣的自我浮現，就會主動向妻子坦白，而不是直接和它融合或切割，他做的努力，妻子都看在眼裡，她越來越有安全感。因為他的坦白及堅持採用一些技巧，處理他年輕的一面，逐漸獲得妻子的信任，他也更有動力去深入探索陰影。

轉向自己的陰影，這是很重要的一步，讓我們踏上冒險旅程，變得更加勇敢和熱愛生命，這當然要付出很多的心力，但是回報遠遠超乎想像。當我們以真誠深刻的態度探索陰影，這個解放效果很驚人，會影響我們每個生活層面，和自己的所有面向加強連結，沒錯，就是自己的一切！不再有任何東西隱沒於黑暗，不再有任何的存在遭到遺忘。

我們越是忽視個人或集體的陰影，它便越會支配和**操控**我們，後果將會不堪設想。在這個日益危險的時代，我們必須喚醒自己，深刻地覺察和探索陰影，並與陰影深入合作，進而擺脫它的掌控；相反地，如果繼續忽視陰影，尤其是在政治圈和企業界，無論有多大的成就，失衡的問題只會惡化。

覺察陰影並深入探索，絕非可有可無的事。如果我們真心想要擺脫制約，讓彼此的差異成為人性的養分，陰影探索就是必要的。讓陰影脫離黑暗，跟陰影共處，乍看之下或許不那麼重要，但只要全心投入，這不僅是一份開放的邀請，更是一項神聖的使命，踏上一段充滿深刻療癒與自我覺醒的必要旅程。

如果想要活出更自由的人生，真正負起責任，發揮覺知、愛、正直的品質，我們就必須貼近陰影、面對陰影，和陰影共處。面對並探索陰影需要勇氣，但是這個過程本身也會讓我們更勇敢。

我們越是探索自己的陰影，就越容易展開這場冒險，將自己的一切，包括高低、明暗、軟硬，都融入生命之中，讓內心不同的面向，在我們心靈和本質的基礎交會。把陰影帶出黑暗，和陰影共處，當然**會有**風險，可能催化潛在的變化，但是不和陰影共處，風險反而更大，對個人與集體皆是如此。

如果從未探索和理解陰影，就一起來探索吧！面對它、照亮它，用技巧和它共處，加以善用，這對所有人來說都是一份大禮。在當今的世界，首要任務就是從各個層面，好好處理我們的陰影。

第二章
面對我們的制約

制約是每個人獨特的程式設定，決定我們會如何行動、思考、感受和做選擇。自動慣性行為模式或不假思索就去做，正是受到制約的表現。這些慣性的行為模式，受到過去事件的影響，深植在我們體內。

陰影**充滿了**制約，而我們從未檢視或沒有好好面對過，卻任由自己受到制約，這就像一個隨時會爆開的潘朵拉盒子，只因為我們不聞不問，這個蓋子才可以勉強蓋著。如果想要真正認識自己，就不能忽略這些制約。

每個人都有制約，但是大家對自己的制約認識不足。我們可能不願意深入探索，或只是停留在理智層面，主要是因為有一些錯誤觀念，例如「一切都過去了」或「過去的事，就讓它過去吧！」我們以為自己早已脫離過去，但是過去不見得會放過我們，除非承認過去對我們的影響，並開始主動擺脫它的支配，把它從陰影中帶出來。

制約是如何形成的？

大家總以為每個人一出生就像一張白紙，但其實並非如此；剛出生的時候，我們早已內建過濾器，用來過濾未來的體驗。起初只是靠食欲過濾，面對人生大小事，主要都是反射反應。但即便在嬰兒期，某些更深層的東西超越了基因編碼，可能從裂縫中閃現、覺醒、顯現。荷爾蒙的刺激及預設的行為傾向，還有基因遺傳，共同形塑非環境的制約。我們出生的那一刻，有太多東西都蠢蠢欲動，連我們自己也無力改變，正如一隻小獅子無法臨時改變主意，變成一隻小海豹。

和基因無關的，也就是環境，這方面的程式很早就啟動了，對我們有著莫大的影響，因為我們無力抗拒。環境因素構成制約壓力。舉凡我們家庭和文化的社會規則，以及我們父母未化解的創傷，都會決定我們的人生方向，這些都在干擾我們。

還記得父親對我咆哮，那已經是第二次了。當時我五歲，好害怕，忍不住一直流淚。父親口氣嚴厲道：「不要哭，你再哭，我就會讓你知道什麼是真正的想哭！」經驗告訴我，這是在警告我，他會拿出皮帶或熨斗電線，不斷抽打我伸出的手和手腕，但我就是想哭。對我而言，這個場景既恐怖又熟悉，就像反覆的惡夢一直圍困著我。即使父親不生氣，也能感覺到他不喜歡我、不想要我，覺得我是一個討厭的外人。我對他的任何憤怒都必須好好壓抑，藏在陰影裡。當時我並不知情，一切都是為了生存，受到恐懼和危機感制約。父親和那樣的生長環境，共同制約了我，逼迫我轉化或壓抑憤怒，把脆弱視為一種負擔。

當我們擁有「符合常規的自我」時（或許是從鏡中認出自己的那一刻），早已被灌輸各種「應該」、指令和行為期望等。我們最深層的本質偶爾會從常規自我流露出來，但常規自我難免會占據更多的空間，將我們其他的部分推向背景，推到陰影中，以致有一部分自我受到壓抑，甚至完全被壓抑。就連立意良善的制約，也如同菌絲一般，持續侵略我們的身體，還有我們的能量和心理，在我們的體內生根，不僅僅停留在表層，而是會深植人心。

小時候，我恨父親，也恨自己在他面前卑躬屈膝；我恨自己的渺小、恨自己瘦弱的身軀、恨自己顫抖的聲音。他對我的羞辱，很快就變成我對自己的羞辱。在這齣「霸凌者和被霸凌者」的戲碼裡，我渴望成為永遠不受羞辱的英雄，讓霸凌者不得不逃跑，讓觀眾忍不住鼓掌，讓受盡壓迫的母親能脫離暴君父親。我看著漫畫書的英雄們展現鋼鐵般的勇氣，這支撐著我的幻想，以免自己徹底崩潰。這種幻想背後的傷痛，逐漸藏進我的陰影裡，以致我和自己的內心斷裂。

我經歷一次又一次的壓制、打擊、羞辱，原本敏感的特質逐漸扭曲，變成極度羞怯與自我厭惡。母親並未阻止父親繼續羞辱我，讓我越發覺得自己一文不值。我幻想著有一天，沒有人可以壓制自己，於是對父親的憤怒與日俱增，雖然隱藏起來了，但是越來越強烈。我開始築起心防，對自己的陰影卻毫無察覺。在這個陰影裡，不僅藏著對父親的恨意，還有我自己的脆弱、同理心和柔軟，因為對我而言，這些特質會妨礙自己追求堅強。

當制約在內心生根，就會主宰我們的心理和情感世界，而我們卻習以為常。其中一個後果是，核心自我（本來的個性）變得很陌生，甚至**完全消失**。除非我們開始覺醒，認清自己的真實處境，否則就會一直迷茫下去。

擺脫自動慣性模式

如果活在制約中，從不質疑，從未覺察，其實和坐牢無異，卻往往偽裝成「正常」的人類狀態。雖然直覺告訴自己被困住了，但仍習慣花心思逃避，追求更舒適的狀態，誤以為這就是自由，卻沒有發現這種表面的自由，可能也是另一種牢籠。要擺脫、突破它，不僅需要覺醒，還需要成長，為真正重要的事情挺身而出，勇敢負起責任，好好處理這些制約。

看不清自己的制約，就像是在「自動慣性模式」下過日子；我們可能以為自己是自由的，以為自己在做選擇，但事實並非如此，因為我們正受到制約的操控，其實是制約在做決定。如果我們**認同**制約，或者和制約融為一體，就可能會認為做決定的人是自己。

當我們被制約操縱時，就像活在黑暗中。燈可能還亮著，但是**我們**看不見，因為我們用制約的眼光看世界。

這聽起來可能像是科幻故事，實際上卻是許多人常有的狀態。這齣戲的主題是占有，上演著我們被制約占有的劇碼。如果我們繼續否認自己的無意識行為和機械反應，傻傻服從內心深植的行為指令，只會在陰影之地越陷越深。

我們提到某人的行為，常說：「這就是克里斯的性格」或「克里斯就是這樣的人」，彷彿他們的行為無法改變，彷彿在他們的心中有一座無法打破的礦脈，不存在任何制約、不存在陰影。但制約是免不了的，一旦它開始生效，就會有陰影。這將引發內在的矛盾：除了我們的本來面貌外，還有我們應該成為的樣子、我們能夠成為的樣子、我們試圖成為的樣子，以及我們未能成為的樣子。

小時候會在遊戲中演繹這種矛盾，毫不掩飾、直接表達我們內心的拉扯，包括那些「壞」的一面。我們沉浸於這種自我矛盾、一再反覆的劇碼。隨著年齡增長，我們內化了這種矛盾，排斥不被社會接受的部分，但這些部分倒是在別人身上看得一清二楚，卻看不到自己的，不自覺地藏在我們形成的陰影裡。當我們流露出一些陰影元素，也就是一些從未面對的制約時，可能會說：「那不是我！」或者「我不知道自己剛才是怎麼了。」

但**確實**有東西潛入心裡，深深影響我們，一直在塑造我們對自我的感受：那就是制約。有一些制約被我們推得遠遠的，遠離日常意識，隱藏在陰影的角落裡，一旦那些從未檢視的制約突然浮現，我們會覺得自己不過是無辜的宿主或受害者，莫名其妙做出不健康的負面行為。

在離家時，我發誓永遠不要像父親一樣，他保守，我就激進；他假正經，我就縱欲；他理性，我就不理性；他拘謹，我就放縱；他是嚴謹的清教徒，我就盡情享樂。他在的地方，我不在，至少我是這麼想的。事實上，我的陰影裡潛藏著和他唱反調的心。我卻沒有意識到，這種定義自我的方式，害我擺脫不了父親，就和盲目模仿他沒有兩樣。我努力戰勝他，試圖證明自己比他更優越。他以前對我的看法，深深烙印在我的思想和情感；無論我走得多遠，他的腳步聲總是在身後響起。在這一切的背後，無非是我內在的那個小男孩，正努力搏取父親的愛、關注及興趣。

我年輕的時候，完全沒有察覺這一點。我的情感封閉，極度好勝，脫離核心自我。我拚命和自己的羞恥保持距離，為了逃避它，攻擊反應成為我的習慣，嚴重迷失，甚至連自己都沒有發覺。

揭開過度反應的真相

和陰影密切相關的制約，通常會透過過度反應顯現出來。當我們過度反應時，會自動退回制約行為，直接表露出來，情感反應往往會放大，超越當下情況所需的程度。

過度反應是陰影經過活化後，一種不假思索的誇大表現。自我辯護、拒絕自我反思，都是制約反應，以固定模式來回應正在發生的事，但是我們的心裡明白，其實有更好的處理方式。

過度反應有下列特徵：

過度堅持自己是對的。別人看出我們的過度反應，給予善意提醒，我們卻變得更固執己見。

情感扭曲及／或情緒超載。這種行徑通常會很誇張，可能用強烈的情緒來為自己撐腰。**用的話語和觀點，跟之前的觸發情境一模一樣。**就好像站在舞台上，重複訴說舊劇本的台詞。這是在表演與重演，而且我們自己也知道。

缺乏自我反思，或抗拒自我反思。拒絕後退一步，後退一點也不行，於是制約反應會持續下去。

與生氣的對象切斷連結。內心封閉。

和核心自我一刀兩斷。取而代之的是，沉浸在制約反應中。

這裡有一個很棒的例子，巧妙處理過度反應，不帶有過多的情緒。試想，你和另一半或好友激烈爭吵，言談中充滿制約反應。你差點就要為這段關係做出危險決定，但內心隱約覺得自己可能會後悔，可是此刻的你卻不願意退讓！畢竟，你有權利被聽到，不是嗎？

氣氛越來越緊張。然後，你放下自以為是，收起過度戲劇化的表現，坦承自己正在過度反應。就是這樣，稍微後退一步，暫時從喧囂、憤怒和壓力抽離開來，不要急著宣判這段關係。你的內心依然翻滾，但是情勢已經改變了。你開始騰出一點空間，安頓那個過度反應的自我，而不是完全認同它。你並沒有和它切割，只是拉開一些距離，有了健康的距離，為自己留出一些餘裕，或許可能會給對方一絲關懷。

從外表看得出來，你已經放慢節奏，不再攻擊對方，只表達自己的感受，沒有責怪對方的意思。你開始允許自己在對方面前示弱，**打斷自己的過度反應**。

你的直覺終於有機會露臉了。你逐漸意識到，在過度反應時，你的聲音聽起來就像七、八歲的你，那種絕望、那種執著、那種語氣。當時你感覺受傷，想要掩蓋自己的傷痛，因為你小時候曾因為表達痛苦，卻遭到父母的拒絕和羞辱。

但是你目前的狀態還不穩定，隨時有可能陷入過度反應，只要對方再說一句羞辱或不恰當的話，就會再度失控。所以你試著放鬆下巴和腹部，微微屈膝，深呼吸五次，每次吐完氣就算一次。因為經驗告訴你，做這些調整身體的事會穩定情緒；在面臨壓力時，習慣這樣安定自己的心。

隨著你看清楚過度反應的真實面貌，就會感到羞愧。有一些羞愧對人是有益的，可以喚醒良知，提醒你不小心越界了，現在是表達悔意的時候。你會道歉，展現你的脆弱，帶出悲傷的情緒，不再為自己的過度反應辯解，因為你們的關係比誰對誰錯更重要。

另一種截然不同的羞愧也會隨之浮現，但是這種羞愧毫無益處，它不會激發良知，反而會喚醒內在批評者，無情地自我否定。內在批評者不會就事論事，而是會批評你的存在本身，讓你因為失誤而鞭笞自我。但是如果繼續自我譴責，你會陷入內疚，無法和對方重新建立關係。

當你看見有害的羞愧時，記得提醒自己，內在批評者出現了，它就不會那麼強烈。當你點名它，它會快速消退。現在你決定把它擱置一旁，待會再深入處理，當成陰影探索的功課。因為當前最重要的是重新和對方建立聯繫，這確實正在發生，所以彼此都感到安慰與感激。

＊＊＊

當你驚覺自己的選擇不是全然自由，不再任由過去、家庭、環境左右你的選擇能力時，這一刻可能就是重要的轉捩點。我所謂的「可能」，是指這種覺醒並不簡單，很容易故態復萌，回到「清醒的沉睡」狀態。面對我們的制約，追溯它的根源是一場英勇的旅程，需要付出很多努力，還要勇於承擔。因為一旦認清自己的作為，就不會再隨便受到制約，把自己看成受害者。

除了要覺察制約外，還要培養並深化你和制約共處的能力，包括感受它的源頭，體會它帶給你的情感壓力和執念，下次它再出現時，你要學會抽離出來，採取有別於以往的行動。接著保持清醒，隨時準備好轉向，以免落入自動慣性行為模式。這一切需要努力與決心，所以稱為

功課（work）。

當你認出制約的成分，做足功課，以免自己受到牽制，有時仍可能身陷其中（比如過度反應或行為不當）。此時陰影仍然存在，但已經不是原本那個制約了，而是在**抗拒**自己學到的應對方法。當這種抗拒藏在陰影中，不為人知或幾乎不為人知，等於是在放行制約反應（也包括誇大的行為），彷彿你是身不由己，不得不做出過度反應或不健康的行為。但是只要看見自己的抗拒，溫柔面對，探究它的起源，就更有機會巧妙處理自己的制約。（第十四章還會深入探討抗拒。）

制約是免不了的，但要如何處理，掌握在自己手中。

第三章

我們對命運的看法

大家通常認為，命運是注定好的未來，必然會發生，受制於超越個人掌控的力量。因此，命運不是我們自己創造的，而是被一股神祕力量拖著走。如果說某件事「注定要發生」或「命中注定」，無論事件大小或背景如何，指的就是這種「命運」。從這個角度切入，我們可能會問：「我的命運是什麼？」或者「我注定要做什麼？」

這些問題可以從四個角度切入。探討這些不同的觀點，可以判定我們有多正視自己的陰影，也會進一步了解陰影：

觀點一：過度依賴的自我。從這個角度出發，我們就像棋子一樣，受到更大的力量控制，人生完全由命運安排。如果無法實現命運，肯定是自己有缺陷，或是有一股無法掌控的反作用力。

我們就像乖順的孩子，面對全能的父母，**不去覺察陰影**。

觀點二：過度獨立的自我。我們是獨立自主的個體，正在開拓自己的道路。從這個角度來看，我們的選擇決定命運，卻忽略選擇本身大致仍受到制約。

這個立場把個人看得過度獨立，就好比青少年或年輕人一直挑戰父母的權威，**即便覺察到陰影，也非常有限**。

觀點三：互賴的自我。依照這個觀點，我們既影響命運，也受到命運影響。我們意識到各種複雜的因素共同塑造自我意識，影響人生走向，同時也肯定我們對命運的影響力，以及我們改變命運軌跡的選擇能力。（但是我們也明白，這種選擇能力本身，依然受制於過去或現在的強大力量。）

這個立場主張健康的互賴，而非病態的依賴。我們的內在和外在都可以用大人的姿態，面對父母的權威，靈活應對，**可以明顯覺察到陰影**。

觀點四：整合的自我。依賴、獨立和互賴三者相輔相成，就是一種成熟的表現，對命運的看法也不再那麼制式，而是以靈活的態度，回應根本的必然，到了這個境界，**自由，不見得要有選擇權**。

這個立場會主張整合；我們就像一個大人，意識到自己的真實本性，努力親近全部的自我，**對陰影有全面的覺察，並主動探索陰影**。

上述哪些自我觀點，會有陰影出沒？事實上，陰影幾乎無處不在。

回到第一個觀點，也就是過度依賴的自我。陰影中藏著自我的獨立性和個人力量，或許還帶著一種理所當然的態度，誤以為那股「造就」命運的力量必定會照顧或保護我們，因而說出諸如此類的話，例如「宇宙自有安排」或「這是神的旨意」。在這種情況下，命運是注定的。任何能讓我們擺脫這種信念的東西，全部藏在陰影中，以致我們堅持這種信念，不願意覺察自己的依附，因此這裡的自我是匱乏的。

接著是第二個觀點，也就是過度獨立的自我。陰影中藏著自我的依賴，還有孤身面對廣大神祕力量所感到的脆弱。這裡的自我不再渴望受到照顧，而是渴望獨立，誤以為不獨立就會有危險，甚至會失去自我。命運不是注定的。此外，陰影藏著一大堆必要的需求，因此在大家的面前，會裝成不太依賴的樣子，甚至否認自我的需求，以免顯得太脆弱、太依賴。

第三個觀點是互賴的自我，這裡的陰影沒有那麼明顯。無論是依賴性或獨立性，都沒有遭到拒絕或隱藏，而是和平共處，相輔相成，集體的空間也很健康，講究的是互賴，既重視依賴性，也重視獨立性。這裡的陰影分成兩大部分：一、仍有一些制約，因而做出自動慣性選擇，欠缺自我意識；二、過度重視關係（和社群），忽略個人需求。

如果能實現健康的互賴，就不會過度依賴，也不會否認需求。對於需求的看法其實很平衡，懂得兼顧關係與個人。這時候，命運有已注定與尚未注定的成分。

最後一個觀點是整合的自我，把依賴、獨立和互賴的元素全部融合。**當自我達到這種層次或境界，會重新看待命運最終的走向，認為這是過去與現在有意識的交互作用。**

整合的自我能夠解構陰影，好好端詳一番，進而善用陰影的元素。如果在這個階段仍有尚未化解的陰影，可能會厭惡前幾個自我階段，甚至伴隨著優越感。對整合的自我來說，命運不再是投射到未來的事物，而是當下正在經歷的一切，我們一邊創造自己的道路，一邊被這條路影響著。在這段過程中，選擇的多寡並不重要，**重要的是根據當下的情境，滿足必要的需求。**

對命運有更深的體悟

當我們說某件事注定會發生時，可能是感覺到多重力量和條件的共同影響，而這些力量和條件又源自其他的力量與條件，就像車子加速衝向懸崖，已經沒有足夠的時間可以反應，只能衝下懸崖，別無選擇。我們可能找到一堆因素，覺得是這些因素交互作用的結果，而且這些因素並非「事出有因」，而是本質使然；又或者我們歸因於神聖的監管力量、宇宙中的超然力量。無論哪一種，都要解開一個謎題：如果我們有發揮影響力，那麼在這段過程裡，**我們究竟是扮演什麼角色**？難道我們注定要站在那個角落，等著失控的公車撞上來？還是我們碰巧在錯誤的時間、錯誤的地點出現，毫無命中注定的痕跡？

如果對自己的陰影不夠了解，很容易會把所有遭遇都推給「命運」。如果沒有認清自己的陰影，以及陰影中隱藏著什麼，可能會淪為隱祕力量的傀儡，而這些力量多半是我們從未面對的陰影元素。這樣看事情，就會覺得自己受制於某種統稱為「命運」或「宿命」的神祕力量。

不易受陰影左右的人，往往不認為命運是注定的，反而會認為命運是自己創造的，同時自己也受到命運影響，因此命運當然和個人選擇息息相關。

有些事情可以改變，有些無法。如果對命運有更深的體悟，就會同時接納這兩者，一方面，深入了解自己的陰影，為自己創造更多空間，做出最適合的改變；另一方面，也運用最大的智慧，盡量和無法改變的事建立良好關係。

這種命運才值得擁有。

第四章
你在害怕什麼？

「陰影」這個熱門的概念，最常和什麼情緒掛鉤？答案就是恐懼。

雖然以前沒有陰影探索的觀念，但其實早在一九三〇年代的通俗小說和廣播劇裡，就有一個打擊犯罪的義警角色，叫做「陰影」（The Shadow），大家最熟悉的可能是那句開場白：「誰知道邪惡藏在人心深處？只有陰影知道！」一九三七年的一齣廣播劇，把陰影描繪成「擁有神祕力量，能夠蒙蔽人心，讓人看不見它」。這個角色令人恐懼，卻是打擊犯罪的英雄，是罪犯的剋星。這個叫做「陰影」的角色如此矛盾，就好像我們對待陰影的態度：雖然心存恐懼，卻不禁深受吸引。毫不令人意外地，「陰影」這個角色也總是在黑暗中行動。

小時候，我們可能會怕黑，幻想黑暗中潛伏著可怕的力量和生物，隨時會靠近我們。久而久之，大家普遍都怕黑，害怕陰影，也害怕陰影會帶來威脅，引發內心的情緒波動。然而，陰影的存在和變化卻令人著迷，讓我們體會世界的二元性：黑暗與光明、模糊與清晰、隱匿與顯現。

陰影常引發恐懼，但可能只是輕微的恐懼。夜晚的時候，走在陰森森的昏暗街道，可能心想：「陰影裡藏著什麼？」因此加快腳步。當光線昏暗時，人們通常會提高警覺，就像人類史前的祖先，在黑暗中行走時也會小心踏出每一步，刻意打開五感。在黑暗中行走，因為保持警覺，反而提高生存機會，誰知道前方的陰影可能隱藏著什麼？

如今沒有那些威脅，沒有什麼好擔心的，人們卻還是保持高度警覺。現代人容易準備過度，以致腎上腺素飆升，徒增無謂的緊張和恐懼。（有關危機感，參見第五章。）擔憂、焦慮、惶恐、自我懷疑等恐懼，進一步激發強化我們對黑暗的恐懼，總覺得黑暗是不祥的，這種退卻的心態反而會看不見光明。如果被恐懼緊緊掐住，眼前的一切就會變得更陰暗、更危險，內心更加不安，於是會保持高度警覺，感到自己的渺小。我們越感覺渺小，恐懼的對象就會越龐大，不斷朝著我們逼近，投下無邊的陰影，讓我們以為會有壞事發生，這片陰影籠罩我們、滲透我們，並且傷害我們。

靠近自己的陰影，當然會有恐懼，這份恐懼是你自己的，也是祖先留給你的。如果恐懼不會太強烈，反而會激勵我們前進。這包括我們對陰影本身的恐懼，以及不知道會在陰影發現什麼的恐懼，但是在我們的陰影裡，通常也會藏著恐懼。

這種恐懼不見得**完全**藏在陰影裡，有一些恐懼會露出端倪，讓我們意識到它的存在。如果我們感覺焦慮，預想未來會發生不愉快的事、預想會有不好的結果，雖然不至於渾身顫抖或語無倫次，但內心揪著也是痛苦的，一點也不舒服。

把自己的恐懼想成冬季的大陸，烏雲密布，能見度極低，有一些恐懼顯而易見，有些恐懼則看不見，或許占據大部分。這塊大陸的地貌看似不太友善，淨是荒涼的低地和深邃的裂縫，還有一些我們不願意接近的形體，有些像人，有些不是人。大部分的土地都隱藏起來，肉眼看不見，光憑日常的意識不可能穿越或理解，所以我們很容易遺忘。如此廣大的陰影大陸看似可怕，卻歡迎我們去探索，只不過要有探索的技巧！那裡的「巨龍」並未阻擋我們的去路，而是我們必經的關卡。和「巨龍」相遇之後，才可以慢慢做好準備（但也不會過於漫長），並學會善用「巨龍」所守護的寶藏。

把恐懼變成勇敢的練習

本書第二篇介紹了很多練習，非常適合用來探索陰影，尤其是面對恐懼的「巨龍」，以下再分享幾個策略：

一、了解恐懼。研究它、接近它，對它更好奇一點，點亮心中的光。深入了解它。仔細觀察它的一切，包括靜態和動態的部分。你對恐懼越熟悉，它就越不可能控制你。如果想了解更多，請閱讀我的著作《情感親密》（*Emotional Intimacy*），裡面有一章專門探討恐懼，記得做書中的練習。

二、了解恐懼的根源。恐懼有可能展露出來，但它的源頭和根源可能藏在陰影裡。例如，你明顯感到擔憂，然後深入探索，發現自幼就伴隨著你的焦慮。在焦慮之下，可能還有更早之前的生存恐慌。試著探索你的內心深處。

三、不要因為恐懼而羞辱自己。每個人都有恐懼，無論承認與否。達賴喇嘛曾表示，有時他也會覺得焦慮。越是因為恐懼而感到羞愧，或者因此遭人羞辱，反而會讓恐懼深藏在陰影中。

恐懼是自然的事，但我們處理它的態度可能不夠自然，尤其是把恐懼看成問題。

四、敞開心扉，擁抱內在那個擔心受怕的小孩。對恐懼的自己要溫柔一點。（你必須**不被**恐懼困住，才會有這種溫柔。）千萬不要對內在小孩說「不要怕」或「沒有什麼好怕的」，反而要給予足夠的關愛與保護，就像抱著一個顫抖的嬰兒，去呵護這份恐懼。回想你小時候，不僅需要愛，也需要保護。試著當一個好父母，照顧你的內在小孩，就可以分散你的恐懼，如此一來，就不會受制於恐懼，而會主動掌控它。

五、面對恐懼，不需要修築更高的牆，而是要騰出更大的空間。這麼做的目的是要擴展自我，讓恐懼有更多餘地去釋放緊繃，並轉為興奮的情緒，也讓你有機會進入恐懼以外的情境。恐懼的時候，呼吸會變得急促，給人受到壓迫的感覺，彷彿困在一個過度狹小的空間，甚至感覺受到圍困，不是很舒服。給恐懼更多的空間，並不會加劇恐懼，反而會**分散**它的能量、稀釋它的強度，進而減少壓力。

六、恐懼不過是興奮感，只是披著恐懼的外衣。哪裡有恐懼，哪裡就有興奮。握緊拳頭，想像它是你的恐懼，然後鬆開手，讓手指張開，這就成為興奮，因此，恐懼和興奮是同一種能量，只要釋放開來，就可以為你所用。同樣的能量、同樣的腎上腺素，但情境大為不同。你不用拚命讓自己興奮，只要放鬆拳頭就會釋放能量。恐懼本來還困在陰影裡；當你有意識地接觸時，它就會開始鬆開，讓一些光芒進來。

七、善用憤怒。恐懼與憤怒密不可分，這背後的生化機制大致相似，值得善用。恐懼令人緊繃，憤怒令人擴展，所以有好有壞。恐懼時，我們傾向逃避或僵住；常常一整個癱瘓。但是憤怒時，我們會向前衝，直接面對令人憤怒的人、事、物；能量會聚集起來，準備採取強烈的行動。有些憤怒其實是恐懼，卻披著憤怒的外衣，但也有許多憤怒是無畏的火焰，燃盡人際關係的枯木及幸福的阻礙，提供我們一支火炬，照亮陰影中最黑暗的角落。

八、區分恐懼的內容與能量。當恐懼進入心中時，我們會編織無數的故事情節，讓自己陷入內心的黑暗世界，困在想法的牢籠裡，一直被恐懼的想法和預期轟炸。一旦發生這種情況，就別再想著恐懼了，而是要將注意力盡量放在身體。感受恐懼能量最強烈的身體部位，留意那個部位的感覺和細節。盡量保持這種身體的覺察，只要感受，無須思考，直到你更穩定為止。放鬆腹部和胸部，感受呼吸如何帶動整個身軀，覺察每次的吸吐。

九、練習鼓起勇氣。勇敢不代表沒有恐懼，而是無論有多麼恐懼，依然勇敢向前。一開始，不妨從小小的勇敢開始，嘗試有一點可怕、有一點令人卻步的事。例如當你精神不濟，就沖個冷水澡，或者你本來和朋友有約，但是對方會消耗你的能量，於是你勇敢拒絕。學會讚美你日常生活中小小的勇敢；有時候，起床需要的勇氣比跳傘還大。

當你持續練習勇敢，恐懼的感覺會逐漸轉化，變成決心和行動。雖然你仍保有一部分的恐懼，讓你保持警覺，但另一部分的恐懼會轉化成憤怒，激勵你採取必要行動。切記，練習勇敢有助於你面對陰影及深入陰影。

如果想要深入認識恐懼，希望能有更全面的理解，請翻閱我的著作《情感親密》，書中有一章專門探討恐懼。

＊＊＊

如果你渴望真正的改變，就要面對恐懼。因為在恐懼之中蘊含著無數被禁錮的能量，還有必經的考驗和挑戰，讓我們過得更深刻、更真實。

巨龍的洞穴正在等待著你。雖然外面籠罩著陰影，但是你清楚它的位置，當你帶著覺知，一步步靠近，就會看得越來越清楚。將那個充滿恐懼的自己帶回你的心中，讓腎上腺素不再只是滋養恐懼，而是把恐懼轉化成勇氣與對探索的渴望。

第五章
過度的危機感

危機感浮現時，可能早已遠離危險或者不是很危險。即便如此，也不代表我們是「荒謬的」、「愚蠢的」或「太敏感」，這些形容詞帶給人自我羞辱的感覺。事實上，這些危機感早已存在，深植內心，因為遭到觸發就浮上檯面，無論我們再怎麼麻痺，**這股能量都會從陰影湧現**。

危機感主要有三種浮現方式：認知、情緒和本能。我會按照這個順序排列是有理由的，當情況相對安全，我們卻過度反應時，通常是認知先行，接著是情緒，最後才是本能。一開始，我們會在思考層面處理或迴避它。隨後情緒越來越激動，幾乎忽略本能的層面，甚至完全忘記了。這種過度的危機感確實會存在，可能是感到焦慮或恐懼等情緒，但往往會困在恐懼及相應的思想漩渦裡，難以自拔。這種經過思維助長的風暴，害我們疏離本能的危機反應（源自腦幹），而危機感的**根源**就藏在陰影中。

當危機感浮現，安全感會隨之遞減，這牽涉到幾個層次，最上層是認知，最下層是本能，而情感層面就夾在中間：

一、**認知層面**。在認知層面，危機感有幾個表現形式，包括心生擔憂、想到最壞的情況，或覺得「自己受到威脅」，甚至會有一點偏執。這種過度擔憂和精神壓力，其實源自大腦新皮質，把我們推向一種心理地獄，雖有短視的盲點，卻難以察覺。談話療法（如認知行為療法和分析療法）就是從認知著手，進而改變自我，運用心理方法來解決問題，但這些問題的根源往往不是在概念的層面。因此，最有效的認知療法應該將認知狀態連結情感和本能，而不只是依賴理智來解決問題。

二、**情感層面**。在情感層面，危機感的表現就是情緒，由腎上腺素驅動，說得具體一點，就是令人不安的恐懼及／或憤怒，而我們對當下的看法，還會進一步放大情緒反應，這可以稱為**邊緣系統超載**（邊緣系統包含幾個腦區，負責處理情緒）。因此，通常會渴望安全感，至少一開始如此，希望有人真心關愛自己，提供安慰、支持或保護。以情感為主的療法，就是關注這個層面，在理想的情況下，可以引導我們找到危機感的源頭和經歷，面對安全感的核心需求；

但是在最糟的情況，就只有發洩和釋放情緒而已，卻模糊問題的根源，只處理表面症狀，沒有根絕問題。

三、本能層面。在這個層面，危機感純粹是生理反射反應。要覺察這種危機感，必須深入頭腦最古老的部分（最初記錄危機感的腦區），探索戰鬥—逃跑—僵住（fight-flight-freeze）的機制。此外，我們還要盡可能地回想，在人生哪些階段，初次浮現這種危機感或「緊急情況」。以本能層面為主的療法，會深度處理身體、感覺和純粹的感知。理想的情況下，可以把本能的體驗（或者再體驗）連結到個人的經歷、情感、思維和情境理解能力；但是最糟糕的情況，有可能忽視這些關聯，只顧著緩解症狀。

分辨危機感與不必要的警戒心

一旦危機感升高，如果可以試著探索，不只是停留在理智層面，反而會緩解危機感，就像沿著螺旋梯往下走，越走越昏暗，從認知層面進入情感的層面，最後抵達本能層面。在這個過程中，盡量保持清晰的覺察力，讓自己感到安心，有了這份安全感，無論面對什麼事，都會好好活在當下。

從新皮質到邊緣系統，再往下走到腦幹，等於回溯人類頭腦的進化歷程。自從兩棲類動物誕生以後，地球上的生物就擁有腦幹；後來才出現邊緣系統（在哺乳動物身上），專門處理情感；等到**非常**晚近，才有所謂的新皮質（現代人類才算發展完全），專門處理思維。

當我們探索自己的危機感，是怎麼一路向下走的？

- 心生擔憂↓極度不安的焦慮↓純粹的恐慌
- 心生憤怒↓激烈的怒火↓完全的攻擊性
- 自我懷疑↓壓抑的悲傷↓萎靡的存在感

各個層次之間的溝通可能會不順，信號傳遞有可能失真，尤其是認知與本能層面之間的溝通，特別容易錯亂，就像在我們自己的思維本身，可能忽略「內在」更深層的反應。情感層面夾在認知與本能層面之間，接收上、下兩個層次的信號，並且對這些信號和其他因子（例如制約與當前環境）產生反應。

危機感的第一級印記是在腦幹，第二級在邊緣系統，第三級則在新皮質。當腦幹的感覺傳到邊緣系統，經過解讀就變成情感，然後再到了新皮質，進一步解讀成概念。這些解讀過程極其複雜，往往脫離意識層面，涉及多重的過濾機制，而這些機制既獨立運作，也會相互影響。為了拆解這些複雜的互動模式，唯一的方法就是認真覺察制約（及過濾機制），並且具備情感識讀能力。

說到危機感的招牌特徵，包括激烈的戰鬥—逃跑—僵住反應，早已記錄在腦幹，立刻引發生化效應和反射行動。就連最原始的生物體，例如單細胞生物也具備這種基本反射能力，例如收縮身體來保護自己。這些感覺傳遞到邊緣系統，就會化為最基本的情感（如恐懼、憤怒、厭惡等），這代表內心深處正在評估情勢，而不僅僅是單純的生理反應，因此我們有可能針對當下的情境，做出更複雜或更高階的反應。

隨後，這些來自腦幹的感覺，或者邊緣系統的情感轉譯（原始的感受），會進一步傳遞到新皮質，我們可能會稍微抽離，進行反思或調節。這些感受可能化為思考的素材，甚至套用一個實用的框架，展開更深入的探索，就好像一場勇敢的旅程，帶我們潛入地底世界、陰影之地和原始起源。

我們常說感到危險、感到不安，但其實危險並不是感受，至少不是情感層面的感覺，反而更像是一種**狀態**、一種條件。起初顯現在生理層面，自動觸發戰鬥—逃跑—僵住的反應。當身體感知到危險時，大量情感隨之爆發，但比起本能的反應，這些情感只是第二級反應。從原始的腦幹一路到更高層次的左、右腦，情況越來越複雜，因為左腦和右腦對危險有不同的詮釋，所以反應就會更複雜。

腦幹、邊緣系統和新皮質之間的溝通，或者左、右腦之間的溝通，可能突然糾結、誤譯、短路或中斷。在這種情況下，就要加強左、右腦能量和訊息的流動，同時把腦幹的內容帶到意識層面。左腦、右腦、下腦、上腦、後腦、前腦、爬蟲腦、哺乳腦，一起實現**全腦**運轉，這有賴各個腦區清晰的溝通，並且巧妙翻譯各部分的內容，給予每個部分同等的尊重和關注。

如果全腦功能健全，危機感就不會繼續藏在陰影中。如此一來，我們處理危機感時，就不會傷害自己，反而會增加安全感，加強和他人的生命連結，深層治癒就會變得非常簡單。

不去探究危機感（尤其是過度的危機感），反而會有危險，以致神經系統陷入戰鬥—逃跑—僵住的模式，處於不必要的警戒狀態，這會困在補償行為而無法自拔。拆解這些層次，覺察並連結自己的危機感，其實是勇敢的行為，也是處理陰影的重要一步。在這個過程裡，可以融合生理、個人經歷和命運，達到身心整合療癒。

我的案主泰德有睡眠問題，每週至少有一、兩天會在半夜突然醒來，心跳加速，感覺到強烈的危機感。可是在他的日常生活中，並沒有什麼事情會觸發這樣的感覺。有時候他會做惡夢，醒來卻不記得夢境的具體內容，只記得自己感到害怕，似乎有什麼可怕的事情即將發生。我們一起聊到他的情況和經歷，他告訴我，從童年到青少年時期，他都和哥哥共用臥室。從小哥哥就對泰德心懷怨恨，經常做一些殘忍的惡作劇。有幾天深夜，哥哥用枕頭或毯子捂住他的臉，壓住他，當時的泰德毫無反抗能力，全身進入高度警戒，湧現生死交關的危機感。我們一起探索這段經歷，不僅從認知層面，也從情感與體感層面著手，他面對恐懼的能力深化了，原來是那段期間差點被哥哥悶死，因而長期壓抑自己的情感，包括對哥哥的憤怒；當他重新認識這種情感時，原本壓抑的恐懼開始釋放能量，他學會保護內心那個受傷的小孩，試著在生活劃清界線，後來就不再因為危機感而失眠。

探索危機感的內在深處，表面上看似危險，但是如果置之不理，風險只會更大。在這段旅程中遇到任何恐懼，都要勇敢面對，從中解脫。危機感猶如巨龍，守護著三層洞穴，等待我們進入。洞穴裡的寶藏就是深刻的智慧，會幫助我們融合認知、情感和本能的覺知。

第六章 探索憤怒的根源

憤怒可能是陰影的一部分，隱藏在那些我們認為危險或應該迴避的角落，或是我們選擇否認的特質。憤怒明顯表露於外，看似不像陰影，但我們倒是有可能把其他心理狀態（如同理心和脆弱），不經意推入陰影。

受到壓抑的憤怒

憤怒惡名昭彰，無論是世俗生活，還是在靈修領域，大家總是把憤怒看成不健康或負面的情緒，一提到憤怒，就會立刻聯想到侵略、敵意、惡意、野蠻和不理性。許多圈子把憤怒邊緣化，於是人們只好走向極端，可能會過度宣洩或壓抑、靜默。憤怒經常和其他「壞」東西一起囚禁在陰影裡，形同軟禁。

憤怒會進入陰影裡，原因有很多，包括以下幾點：

小時候表達憤怒，曾經面臨危險。兒時表露憤怒，可能會激怒有虐待傾向的父母或兄弟姊妹，於是為了生存而學會壓抑自己，不展露任何憤怒的跡象。但是長大以後，如果不探究這種童年的制約，恐怕將繼續以為發怒會有危險，一旦遇到令人生氣的事，就會立刻壓抑憤怒，表面上看起來好像完全不生氣。

小時候表達憤怒，曾經失去愛或關懷。每個人小時候都需要愛與關懷，深怕自己發脾氣會失去這些東西。如果把這個經驗繼續帶到成年，可能會百思不得其解，為什麼老是遇到愛發脾氣的伴侶（因為另一半幫忙表達兩人份的憤怒），除非有一天終於意識到這個模式，重新擁抱**自己的**憤怒，將憤怒視為人際關係的重要**資源**，情況才有可能改變。

堅信憤怒是負面情緒。這種信念可能在童年就有，也可能是成年才有，例如走上靈修的道路，而在那條路上，大家總是把憤怒當成負面情緒。

混淆憤怒與攻擊反應。憤怒並不會發動攻擊，但是攻擊反應會；憤怒可以和慈悲共存，但是攻擊反應無法；憤怒不會泯滅別人的人性，但是攻擊反應會。攻擊反應是一種泯滅脆弱和同理心的憤怒，如果我們以為憤怒就等於攻擊反應，又因為攻擊反應而傷害別人，就可能會以為憤怒需要壓抑，卻沒有發現問題不在於憤怒本身，而在於我們如何**處理**憤怒（是我們自己把憤怒化為攻擊反應）。

以為憤怒與愛無法共存。在大多數情況下，憤怒與愛確實無法共存。但是如果表達憤怒時能帶入一些關懷，就可能展開交流，促進雙方的福祉。我將這種現象稱為「有溫度的憤怒」（heart-anger），雖然少見，但確實存在，這是一種愛，無論表達形式有多麼火爆或多麼強烈。

只要發怒就會破壞關係。如果另一半曾經歷不健康的憤怒，累積一些負面經歷，那麼當我們表達憤怒時，另一半就會選擇遠離，久而久之，我們可能會壓抑所有的憤怒，拚命把憤怒推向陰影。此時雙方最需要做的事，就是探討彼此關於憤怒的經歷。當我們從陰影釋放越多的憤怒，覺察其中的陰影元素，就會越有能力建立真正豐富的人際關係。

憤怒需要健康的表達，還有健康的控制，就像照顧一團火焰一樣，需要持續密切關注，不可以讓熱氣失控，也不能讓火焰熄滅。憤怒是強烈的情緒，可以激勵、擴展我們，讓自己充滿能量，準備好採取行動。憤怒在我們的陰影占據很大的空間；保持渺小與壓抑並不是憤怒的強項，因此無論我們看起來有多麼和善、多麼不易動怒，憤怒總會製造響亮的噪音，吸引我們的注意力。

如果把憤怒鎖在陰影中，任由它遭受箝制、囚禁、束縛，不相信它有任何關愛和光明，在它爆發時就容易做出不當的行為。我們越是壓抑，它的表現就會越差勁。然而，隨意洩憤並無法解決問題，而是我們要有技巧地釋放。由於長期受到制約，我們習慣以特定的方式處理憤怒，唯有當我們開始覺察並探索這些慣性，憤怒才不會繼續藏在陰影裡。

大家別忘了，憤怒也有健康的形式——這種憤怒不會去羞辱、責怪或攻擊；不會掩蓋我們柔軟的面向；無論有多麼激烈，也不會泯滅對方的人性。這種憤怒不僅有勇氣，還帶有一定程度的溫暖。然而，為了觸及健康的憤怒，我們要深入理解自己不健康的憤怒（那些容易落入敵意和惡意的憤怒），不健康的憤怒再怎麼強烈或「開放」，終究處於陰暗中。

當我們發覺自己的憤怒有不健康的成分時，並不表示憤怒本身有問題。試著把憤怒從陰影中拉出來，才會看得更清楚，區分什麼是憤怒本身，什麼是**處理**憤怒的方式。覺察自己的憤怒及背後的制約，並不會消滅憤怒，卻能幫助我們加以善用。即使內心有怒氣，甚至表達出來，也不會因此傷害別人，反而對彼此都好。

不受壓抑的憤怒，也可能不在你的掌控之中

如果你的憤怒沒有藏在陰影裡，也沒有遭到壓抑，甚至還非常活躍，但是即便如此，也不代表它在你的掌控之中；它可能仍帶有攻擊性、責備、強勢、羞辱，缺乏關懷。**這時候要覺察有哪些特質和現象，會因為我們外顯的憤怒，而遭到掩蓋或推入陰影中**。列舉如下：

脆弱。當憤怒升起，脆弱（這是一種開放的心態，全然透明、毫無防備）容易被推入陰影裡。事實上，憤怒是一種脆弱的情緒，如果不習慣示弱，或是憤怒時不願意示弱，就會把脆弱深埋在陰影中，不見天日。人們會變得鐵石心腸，憤怒就容易化為攻擊反應，形同傷人的武器，而非透過憤怒這種清晰強烈的方式，來表達內心重視的一切。

與憤怒有關的陰影元素，脆弱大概是最值得關注的。唯有觸及自己的脆弱，才會更容易面對其他的陰影元素。我們可以單純感到脆弱而不憤怒，但是如果憤怒和脆弱同時出現，而我們允許兩者共存，這樣表達出來的憤怒，**就會帶有同理心**。

受傷、**悲傷**、**哀痛**。如果發怒的方式錯誤，或者有刻意壓抑憤怒，這些元素可能會遭到隱藏、

否認、埋藏、偽裝，或是僅僅停留在表面。憤怒常用來逃避受傷的感受（但也不見得）。相反地，健康的憤怒沒必要排除或忽視受傷的感受。生氣和傷心可以共存，就連暴怒也可以。

憤怒有時會壓抑哀痛，但也可能是通往哀痛的途徑。因為失落而生的憤怒，可能會在突然間一次釋放全部的哀痛；深沉而強烈的怒火，也可能讓人嚎啕痛哭。

如果要培養健康的發怒能力，第一步就是覺察自己生氣時，如何將受傷、悲傷或哀痛推入陰影。

恐懼。當憤怒占據情緒的舞台，整個人籠罩在盛怒之下，可能會察覺不到恐懼，這和恐懼化為憤怒的情況不一樣（有時恐懼確實會變成憤怒）。比如說，恐懼是主要的情緒，展現出來的卻是暴怒，讓人誤以為憤怒才是主要情緒，這其實是在逃避自己的恐懼。（但有時候憤怒確實是主要情緒，例如利用憤怒來阻止一些事發生，以免親人受到危害。在這種情況下，我們根本沒時間害怕；因為腎上腺素會立即激發憤怒，採取果斷的行動。）

渴望。我們會渴望愛、關注、關懷等，但是如果沒有得到滿足或感到匱乏之時，就會開始憤怒，以致表面看起來只有憤怒。發怒時，如果假裝自己沒有痛苦或渴求（大概是羞於承認），反而會更遠離自己渴望的事物，將脆弱與柔軟的一面推入陰影深處。渴望得不到滿足，因而感到憤怒，並沒有什麼錯。這時候允許自己發怒，是為了深刻體驗內心的渴望，而非利用憤怒來轉移注意力。

羞愧。當我們陷入不健康的憤怒，以致憤怒變成攻擊反應，這時候羞愧往往藏在陰影裡，這是最令人最不舒服的情緒。當我們感到羞愧時，往往容易從憤怒轉為攻擊反應（或情感疏離），表面上似乎沒有羞愧，只是做出攻擊反應而已。事實上，這只是把羞愧推入陰影深處，盡量和羞愧保持距離。每當反應過度，表現過度的憤怒時，就要立刻反問自己，當下是否感到羞愧，或者在憤怒爆發前是否感到羞愧。（更多關於羞愧的內容，參見下一章。）

＊＊＊

面對憤怒核心的熊熊烈焰，無須壓抑，也無須任意宣洩，而是要清醒地擁抱它，這樣的回應不會稀釋憤怒的力量，也不會逃避同理心，更不會壓抑烈焰中真實的聲音。

第七章
正確看待羞愧

羞愧是最常壓抑在陰影中的情緒，可見它帶來極大的痛苦與不適。

什麼是羞愧？為何我們極力逃避？

羞愧是一種痛苦的自我意識，讓我們覺得自己的行為（甚至是自我本身）表現不佳、搞砸事情，或者有缺陷。

我們對羞愧的看法確實以負面居多，或者把羞愧看成阻礙。但羞愧不必然是負面的，也不見得會妨礙我們成長，關鍵在於我們如何面對、如何運用。

有些羞愧是健康的，只為**自己的行為**感到羞愧，反而會激發良知；但另一種則是不健康的羞愧，為**自己的存在**感到羞愧，會激發內在批評者，卻常常偽裝成良知。

健康的羞愧會帶來力量，採取積極的行動（如真心道歉和彌補過失），而不健康的羞愧，又稱為有害的羞愧，則會削弱我們的力量，陷入自我苛責和壓抑。此外，健康的羞愧沒有攻擊性，而不健康的羞愧卻有攻擊性。

只可惜大多數的羞愧都不健康，令我們感到羞辱居多，而不是謙卑。當我們陷入羞愧的情緒，不僅僅覺得丟臉，心也會跟著受傷。

當羞愧的情緒浮現時，大家就會迅速逃離。因為那種感覺就像突然赤裸裸地站在明亮的舞台上，面對一大群挑剔的觀眾，卻沒有布幕可以遮掩缺點。無論在台上曝光多久，無疑都是沉重的打擊，讓我們陷入深深的自我厭惡，也難怪我們會想要關燈、遮住臉，將羞愧藏進更黑暗的角落。羞愧有好有壞，但無論如何都會極力貶低我們，害我們縮小自己。在這個情緒中心，我們覺得自己看起來不好、不夠完美、不夠能幹，想必沒有人想把這些展示出來吧！

把羞愧深埋在陰影中，雖然**我們會忘記它的存在**，但它依然默默發揮影響力——於是我們會用自戀、自負或過度表現來自我補償。當羞愧從陰影中浮現，經常會助長攻擊反應和情感疏離。一旦只顧著做攻擊反應（無論是針對別人或自己），情感就會變得疏離麻木，誤以為這是自己唯一的感受。但在這些表面之下，主要的情緒可能是羞愧，只是藏得很深。

我還記得八、九歲時，滿心歡喜帶著成績單回家，滿滿都是A。我拿給父親看，他連看都沒有看我一眼，隨口嘟囔道：「有什麼用？連個螺栓都拴不好。」聽到這些話，我感覺強烈的羞愧直接壓垮自己。我逐漸學會了，如果不立刻掌握一項技能（像是拴螺栓），我就不會有第二次機會。父親不斷灌輸我，真正的成功就是精通**他認為**重要的技能，如果我做不到，就會遭到他的拒絕、傷害及羞辱。當我的羞愧越來越深時，就越容易對別人有攻擊性，尤其是想在體能和學業上擊敗別人，但是當時的我完全沒有察覺羞愧與攻擊反應的關聯，一切都藏在陰影中。

從羞愧轉向攻擊（攻擊變成前景，羞愧淪為背景），這個過程只需要一瞬間，當我們和別人爭執時，羞愧一旦浮現，馬上就會進入攻擊模式。經過這樣的轉變，我們會脫離真實脆弱的羞愧，再也無法善用它。和羞愧隔絕，又怎麼可能好好加以利用？

羞愧占陰影很大的一部分，一想到要親自感受、公開面對，內心就會充滿厭惡，也不願長時間**承受羞愧的感覺**。不過，**間接**感到羞愧通常還可以忍受，因為保持足夠的距離，即使場面尷尬，也沒有那麼困擾。想想看，我們觀看一齣喜劇，主角陷入無法逃避的羞愧。我們看著這種場面，一邊笑，一邊感到難堪，享受那種微妙的不安，其中一個原因是這與我們無關，只是心理和情感的宣洩罷了，還算令人愉快。我們觀影時，會將自己的羞愧及對羞愧的排斥投射到演員身上，一方面體會那種超級尷尬的情境，另一方面又輕鬆坐在自家客廳。

替代性羞愧（vicarious shame）不僅是喜劇的核心元素，也常是劇情片的重要情節，主角受到羞辱後，決定報復那些羞辱他們的人。這會勾起我們許多深藏的陰影，尤其是壓抑已久的攻擊性，當我們看到別人展現這種攻擊性時，往往會感覺有一種滿足，因此特別喜愛這類情節。

把羞愧困在陰影中，有一個天大的危險，就是我們天生的道德感（良知）和同理心，也會一併受限，就像植物長期養在昏暗的房間，無法茁壯生長。當這種情況發生時，我們難以察覺自己是否傷害別人或貶低他人，可能不願意道歉，或是毫無誠意的道歉，因為我們從未正視深藏在陰影中的意圖，結果遠離自己的羞愧，遠離那些讓我們想起羞愧的人。

逃避羞愧的常見方式

學習覺察與面對自己的羞愧，就是把羞愧從陰影中帶出來，讓自己熟悉伴隨而來的情緒，例如想要立刻逃離羞愧，想拉開自己與羞愧的距離。我們逃避羞愧的方式大致有以下三種：

一、透過攻擊。如果對自己的行為覺得羞愧，或是遭到他人羞辱，有一個迅速逃避羞愧，讓自己感覺不到羞愧的方法，就是揪出引發羞愧的人或事，直接發動攻擊。這種反應通常不是有意的，早在我們發覺之前，就會迅速從羞愧轉向攻擊，完全是無意識的自動慣性過程。這是非常常見的手段，形式多元，包括直接攻擊、防衛、諷刺、蔑視、被動攻擊。在這種情況下，我們的陰影中不僅有未承認的羞愧，還有同理心與脆弱。

二、透過情感疏離。當羞愧剛開始浮現時，我們會壓抑自己，覺得渺小和失落。如果無法面對這種羞愧，也無法用攻擊來轉移注意力，我們往往會加倍壓抑，耗盡生命力，可能會感到更深的羞愧，也可能導致情感的斷聯、解離和麻木。這種缺乏感覺的狀態令人不快，但是至少沒有羞愧那麼痛苦。這種麻木與過度疏離是要付出代價的，例如導致人際關係冷淡。但是情感疏離確實會給人安全感，免於面對羞愧帶來的難堪。這時候推入陰影中的，不只是羞愧，還包括同理心、脆弱等情感。

三、透過自戀。自戀是個人主義，以自我為中心，缺乏同理心。羞愧會貶低自我，而自戀會過度膨脹自我，陷入強烈的自我優越感。基本上，自戀是自我防禦的機制，讓我們逃避羞愧和任何「應該」羞愧的情況，所以會阻礙道德發展。

如果成長過程中背負太多的羞愧，經歷太多的羞辱，就容易幻想自己處於不被羞辱的地位。固守那樣的地位，通常不會真心道歉，還會攻擊或漠視任何膽敢質疑自己能力的人，更別說那些想要羞辱自己的人了。自戀的目的就是維持「不可動搖」的地位，只允許無條件支持自己的人靠近。在這種情況下，我們的陰影不僅有羞愧，還包括同理心、脆弱和悲傷。

當我們感到羞愧時，會壓抑什麼特質？

當我們陷入羞愧時，除了羞愧本身以外，還有什麼會被推入陰影裡？有哪些東西可能會被隱藏？我們和哪些特質會失去聯繫？以下列出幾個最常見的例子：

脆弱。羞愧會瞬間滲透我們，突破所有的防線，讓我們像無殼蝸牛一樣，赤裸裸、軟趴趴的，如此脆弱。面對赤裸裸的脆弱，常見的反應就是迅速拉起防線，退到更堅固、更黑暗的地方，不僅是為了保護自己，也是為了隱藏那份脆弱，以及任何脆弱的表現。一旦我們做出攻擊反應，或是變得情感疏離，就等於逃避脆弱，也會遠離脆弱的核心（那份坦誠和真心）。

要好好處理羞愧，關鍵就在於保持脆弱，但不因羞愧而崩潰。脆弱看似是軟弱，但其實是寶貴的力量泉源，因為展現出更多真實的你，尤其是內心深處的資源，讓你更有能力思考或解決問題。

責任感。當我們傷害別人，因而感到羞愧時，通常會有一股責任感。但是只要無法面對羞愧，就會立即拋開、藐視、忽視或無視這種責任感。當我們變得有攻擊性，就會把責任推給我們剛剛傷害的人，甚至反過來責怪對方。

同理心。如果是健康的羞愧，對別人就可以感同身受，無論這份感受有多麼痛苦。當我們願意感同身受時，就會更願意坦誠地面對自己，彌補過失。相反地，如果太在意自己的羞愧，不願意做適當的彌補，就會抑制同理心，強化情感疏離，甚至合理化這種行為。

認同內在小孩。當羞愧浮現時，我們內心最大的衝擊，其實是內在小孩會受傷，這時候我們可能會陷入內在小孩的角色，無法保護它，讓它一直遭受內在批評者的攻擊。這種情況下，我們的成熟和自省能力，都會一併推入陰影中。

認同內在批評者。羞愧浮現時，我們可能會站在內在批評者的立場，以致說話和思考方式跟它一模一樣，無情地羞辱自己，例如批評自己太幼稚、不稱職，毫不留情地攻擊內在小孩。

能有這份覺悟，便是我們成長的重要一步。

自認不配得到愛和保護。我們可能堅信自己不配（尤其是關係破裂時），甚至把這種信念隱藏起來。如果不正視這份執念，就會一直感到無力、渺小、困頓。我們就像回到小時候，面對喜歡羞辱孩子的父母，默默接受「自己不配」的說法，因為這似乎帶給人一種安全感；於是，貶低自己就成為一種生存策略。

要治癒這種模式，第一步就是從陰影找出根源，然後拉開內在小孩和內在批評者**之間**的距離，不認同任何一方，試著愛護**並保護**內在小孩。如此一來，我們既不會陷入羞愧，也不會逃避。我們單純和羞愧同在，以持續的覺知去感受這份羞愧。

＊＊＊

與羞愧同在，不把它推入陰影，羞愧就不會演變成攻擊反應或情感疏離，反而好處更多。與羞愧同在（帶著尊嚴和謙卑的心，面對羞愧的煎熬），無論你是男是女，都可以鍛鍊內在的戰士精神，並深化同理心和脆弱，也會在人際關係中保持理智與快樂。

從陰影中帶出所有的羞愧，對每個人來說都是極大的恩賜。唯有這樣做，才能保持同理心和責任感，隨時準備好去完成必要的治癒或轉變。

第八章 覺察悲傷的意義

大部分的悲痛深藏在陰影中，無聲無息，而悲痛藏身的地方，往往也藏著我們對死亡的恐懼。悲痛如同羞愧，把我們赤裸裸地剝開。羞愧讓我們陷入自省的痛苦，悲傷讓我們體會失落的痛苦，毫無任何防備，感受大大小小的失落。悲痛是心碎的極致，既純粹又混亂，蘊含生存的脆弱感，再夾雜著幾分痛苦。悲痛欲絕時，我們不得不面對痛苦，這時平日倚賴的緩解手段也會失去大半的效果。

悲痛是我們面對失落和無常的主要反應，感受極為深刻。悲痛包括憂傷，卻又超越憂傷。悲痛不僅僅是哭泣，而是哀號、悲鳴、嚎叫，這些聲音表達出一種深入骨髓的痛苦和傷害；但悲痛也可能寂靜無聲，如同雷霆一般，難以言喻的靜默，它可能伴隨劇烈的情緒波動、迷失、靈性啟示，甚至是一陣憤怒。

悲痛的情感創傷表現，可能程度不一，但是大部分的悲痛往往留在陰影中。凍結的悲痛、壓抑的悲痛、扼殺的悲痛，如此多的心痛和長期累積的憂傷，都藏在看不見的地方，為的是不干擾我們的生活，但這麼做的代價卻很大！

直視人生中真正重要的事物

我們因為悲痛變得更有人性；悲痛不留緩衝或分心的機會，所以我們的情感和靈性會直接面對失落的真相，以及無力扭轉的結局。悲痛隱含痛苦，有時是難以忍受的折磨，但也隱含著敞開心扉，觸及生命的根本，只是過程可能會有一點粗糙或破碎。悲痛賜予我們的禮物，不僅僅是直接面對現實，還包括心碎的感覺，這讓我們彼此的關係及我們和生命的關係，變得更加深刻。全然感受悲傷**連結**每個人；共同哀悼，可以覺察真正重要的事物。

一開始，這份悲痛只是「我的」，極為強烈，顯然是個人的情緒。我們可能會停留在這裡，也可能打開心扉，轉向「我們的」悲傷，包容身邊其他人的痛，甚至進一步涵蓋「普世的」悲傷，感知大眾的苦難，允許這份感受滲透和觸動自己。這樣的共鳴正是完全開放的共融，導入更多悲痛，但也帶來更多的愛、溫柔和連結，因為存在範圍變大了，可以容納所有悲痛的人。

如果只碰觸**個人**悲痛，**集體**和**普世**的悲痛會留在陰影中；如果只碰觸**個人**和**集體**的悲痛，**普世**的悲痛仍會留在陰影中。然而，當我們面對這三種悲痛時，就能讓悲痛攤在陽光下。從個人的悲痛，到集體的悲痛，再到普世的悲痛，並不是一種刻意的策略或練習，而是當我們順應自己的悲痛時，自然而然發生的結果。

悲痛不是我們要克服的事，而是我們要深入體驗的事。悲痛帶來的心碎並不是問題，而是通往深度和共融的門戶，我們會越來越成熟，扎根於生命的本質，邁向更深刻、更人道的生活方式。

只可惜現代文化大多害怕悲痛，尤其是毫無保留的悲痛。流幾滴淚，大家還可以接受，只要別哭得太大聲，太過激動。「在悲痛面前堅強」（意指克制情感，控制情緒，不讓感情「失控」），往往被奉為美德，讓悲痛自然流露反而是不好的。

從未表達的悲痛，已經滲透到我們的文化，儲存在集體陰影裡，以致我們彼此疏遠，因為公開表達悲痛可以激發同理心，最終連結每一個有悲痛的人。而每個人都曾經歷悲痛，這是身為人類的一部分。漠視悲痛，只會讓我們更孤立，陷入過度的自主和隔離，無法感覺與萬物的互賴關係。在一個否認死亡的文化，公開表達悲痛是禁忌的行為，因為這種行為是在直接而深刻地揭露死亡，以及每個人難逃一死的事實。

如果陰影中藏著悲痛，可能會有以下跡象：

否認與厭惡死亡。否認死亡的舉動，其實和壓抑悲痛密不可分。（參見第十三章，探討我們對死亡的恐懼。）

目睹別人的心碎和危機，往往缺乏同理心。如果對方與自己截然不同，缺乏同理心的問題會更嚴重。

看到別人表達悲痛，會覺得不適。希望別人可以躲起來，悄悄處理情感。

逃避自己的痛苦。例如依賴止痛藥、鎮靜劑或沉迷於電子設備，麻痺自己。

抗拒自己的脆弱。如果不願意示弱，就難以觸及內心的悲痛。

將悲痛視為必須克服的問題。把悲痛看成問題，拚命尋求解決方案，看到過度悲痛的人，可能會心生反感。

表達憂傷，會感到羞恥。一想到悲痛，就想到軟弱、失調或無力，因此在表達悲痛時會覺得羞恥。

情感麻木與疏離。

一旦關係結束或面臨人生劇變，就會陷入憂鬱。悲痛和憂鬱不一樣，悲痛是充滿失落的痛苦，因而徹底撕裂；相反地，憂鬱是壓抑的，整顆心失去活力。

每當悲傷或羞愧升起，就會做出攻擊行為。這個轉變的過程會妨礙我們示弱。

否認自己有悲痛。習慣將自己的悲痛投射到他人身上，和自己的情感疏離。

＊＊＊

接納自己的悲痛，給予一些空間，讓悲痛可以呼吸、流動，並找到合適的表達方式，看似沒有生產力，和我們追求成功的動機相悖，但其實是很有意義的舉動，這會深化我們共同的人性，促進跨文化的連結。

悲痛帶領著我們，連結人生中無盡的失落和結束，這不是為了解決問題，而是要讓我們有能力與空間，從情感、心理、身體和靈性等層面，真正去面對悲痛的現象。悲痛讓我們走出麻木，變得更柔軟與深刻，也讓我們更完整、更有活力，更專注當下。面對悲痛時，必須自始至終信任這段過程，無論途中經歷多少困難，一切都是值得的，因為這會造福每一個人。

第九章
從自戀中覺醒

自戀是一種以自我為中心的個人主義，缺乏同理心，常常掛在嘴邊的話，不外乎「這對我有什麼好處？」這句話隱含幾個要求，包括「承認我的特別，別質疑我」。深陷自戀的人，無論多善於言辭，眼裡從來沒有「我們」；所有「不是我」的東西，都要圍繞著我打轉。如果沒有好好處理，就會變成一股很可怕的力量，因為自戀只關心對自己有利的事，完全不顧別人會付出什麼代價，即使關心別人，也只是為了讓自己得利。

自戀是自私最醜陋的一面；依照自戀的思維模式，別人只是用來滿足「我」的渴望，為我所用，受我操縱。然而，和自戀者相處不一定是討厭的，因為自戀者渴望獲得讚美，希望自己特殊的身分受人肯定，可能會盡量展現魅力、慷慨、全心的關注，以及強大的吸引力，所以我們往往未能發現自己正在被利用。自戀者一邊討好我們，一邊貶低我們的價值。

自戀不只有個人層面，也可能展現在集體層面。想想那些大企業，往往像是不斷膨脹的「自我」，心中只奉行唯一的道德標準：「對我（本公司）有利，才是重要的。」

自戀是「一人崇拜」的邪教，和其他多人的邪教相似，故步自封。（邪教是自我封閉的團體，不接受內部異議和外部回饋。）我們費盡唇舌，也無法讓邪教成員明白他們信奉的是邪教；同樣地，也很難讓自戀者體會到自己的自戀。

「我要做自己」這句口號，如果在理想的情況下，會鼓勵個人實現健康的個體化（individuation），這是在「肯定」個人的成長，讓我們完全做自己。但是在最壞的情況下，這句話可能淪為自戀的戰歌，強調自己與眾不同或特別重要。（相反地，真正健康的個體化不僅會發展自主性，也會感受到彼此的互賴，以及對別人的同理心。）

自戀的心理補償機制

大家常說自戀是自我中心，但實際上自戀的核心並非真實的自我，而是一種心理補償機制，用來逃避真實的自我，為了要逃避以下這些事：

脆弱。只要稍微展露脆弱，讓別人察覺到，就會看成自己的弱點或缺陷。

尚未化解的創傷。陷入自戀時，並不會面對這些問題。

同理心。自戀與同理心是互斥的。

以「我們」為主的能力。做「自我」固然重要，但前提是不要脫離「我們」。只不過一旦陷入自戀，「我們」就會變成**非常**遙遠的「他們」，藏在陰影的最深處。

羞愧。自戀時，內心深處會吶喊著：「不要讓我丟臉。」當我們沉浸在自戀中，最大的目標就是盡量遠離羞愧。把羞愧推入陰影的最深處，自戀就越猖狂。**羞愧使我們感到渺小，自戀使我們膨脹，帶來強烈的自我優越感**，至少會有一點點自大，認為自己不是普通的特別，而是**非常**特別。

謙卑。自戀的人混淆謙卑與羞辱。真正的謙卑並不是刻意表現謙遜、不驕傲或不虛榮，而是會控制過度膨脹的自我中心，祝賀自己的成功，也祝賀他人的成功，避免貶低他人。謙卑還有另一個意思：**我們擴展自我，並不是期待什麼回報，而是要把別人納入自己的生活圈**。但是深陷自戀的人無法接受這種包容，因為他們不明白拒絕包容別人，也是在拒絕接納自己全部的樣子。

建立親密關係的能力。有自戀傾向的人不建立親密關係，而是建立**利益關係**，這會提供（或可能提供）他們期待的回報，比如獲得讚美和足夠的控制權，就不必承受別人的不悅與憤怒。

淡化自戀

有一點點自戀並不是問題；多數人都有一點自戀傾向，症狀可能很輕微或沒有害處。我們要做的努力是不讓自戀占據內在的核心位置，認識自己的自戀傾向，也會幫助我們應對別人的自戀。

自戀的潛力從小就開始顯現，和自我發展有關。試想，有一個孩子，其中一位雙親給他滿滿的愛，另一位卻排斥他；一下子受到讚美，一下子遭到羞辱。這樣的孩子比一般人更容易發展自戀傾向，因為受到讚美或仰慕時，感覺最安全或穩定。但如果這個孩子學會的是，不輕易信任外界的讚美（無論有沒有受到讚美，都會受到排斥與羞辱），那麼即使得到讚美，內心仍會感覺不安，這時候為了補償自己，就會試圖掌控一切，以免遭到排斥或羞辱。

過多的讚美，可能助長自戀。此外，深植內心的優越感，尤其是合併同理心不足或缺乏，也會導致自戀。另一方面，過度的羞辱也會催生自戀，這時的自戀是一種補償機制。一旦讓自戀扎根，道德發展就會停滯；無論身處哪個生命階段或政治地位，當自戀占據心靈時，雖然認知和其他層面可能會繼續成長，但是道德層面會陷入停滯。

別因為自戀而羞辱自己，試著多了解它，開始加以分析。我們要先照亮自己和自戀的歷程，觀察我們是如何掩飾自戀的，從中發覺那個內在小孩——只是自我認知失衡，太想成為一個特別的人。

在自戀裡有一道深深的傷痕，因為失去了愛和關懷的連結，只好追求誇大的「與眾不同」。我們的工作就是將這個傷口從陰影中帶出來，帶著同情心觸及它的核心。這不僅是認知層面的挑戰；我們還要敞開心扉，真誠感受這份傷痛，任何充滿愛與覺知的父母，看到孩子受傷也會做同樣的事。重點不在於消除內心的自戀（這是不可能的），而是要深入理解，以免自戀繼續主宰我們的生活。

第十章 解決成癮行為

成癮時，我們的渴望與渴望的對象會完全占據意識。成癮是惡性膨脹的欲望，當渴望超越極限，就成為強迫性的執念，整個人會受到束縛，毫無控制力可言。我們說自己「有」成癮問題，但是其實應該換個說法，說成癮問題「占有」我們，癮成為主宰，成為我們的控制者。當我們陷入成癮行為，早已喪失打斷或終止它的能力，這些能力早已被我們推到陰影深處。

然而，上癮的背後潛伏著**痛苦**。上癮大致是一種拙劣的手段，來應對深層的痛苦，可能是身體、情感、心理、存在、靈性的痛苦。上癮總是打包票要讓我們脫離痛苦，而且最好是用愉悅的方式。快感越強烈，**預期的**快感會越吸引人，渴望就會越大。在這種渴望之中蘊含著深深的絕望，而這種絕望本身會伴隨著痛苦。

因此，除了上癮帶來的痛苦（包括渴望、戒斷、復發，以及它對我們和周圍其他人的影響），還有最初把我們推向上癮的痛苦、隱藏在內心的傷口。正是為了「解決」傷口，我們才會有成癮行為，試圖分散注意力。那麼這些傷口的現狀和根源呢？一切都藏在陰影中。

有人可以完全擺脫上癮嗎？大概沒有吧！如果輕視那些外顯的癮君子，只會讓我們忽視自己的上癮行為，誤以為那些行為和上癮無關，特別是社會容許的行為。上癮不只是酗酒、吸毒及暴食；權力、性愛、貪婪、從眾、不從眾、正面思維、負面思維、信念等，都可以成為上癮的對象。例如，我們可能沉迷於做好人、不執著、維持青春、掌控一切、取悅他人、刻意追求靈修成就，有時候甚至沉迷於「上癮」本身。

不過，只要理解上癮，不讓它占據核心意識，一點點上癮也不成問題。因此，上癮這一章不僅僅針對自認為「癮君子」的人，而是為了所有人而寫，無論上癮的程度為何。探索內在的陰影是一個大好的機會，可以確認自己哪裡上癮了？又是怎麼上癮的？

把成癮斬草除根

處理成癮的技巧，就和處理其他陰影元素差不多。成癮治療有效的關鍵，就是做陰影探索，這會揭露我們深層創傷的根源。如果這些創傷沒有好好面對，就很容易復發。然而，這不代表只要做陰影探索，就可以治療嚴重的成癮問題。除了做陰影探索外，還需要合適的療法及親朋好友的支持，例如十二步計畫（12-step programs），通常也不可或缺。

以下是有效應對成癮的重點，隨意排列如下：

將成癮的源頭帶出陰影。要做到這一點，必須深入了解內在制約，分析你行為傾向的源頭。下列問題值得你深入探討：你現在受到什麼制約？你過去受到什麼制約？你目前如何應對？你有什麼童年創傷？當時你怎麼回應？你採取了哪些生存策略？這些策略至今是否仍影響你？帶著清晰和關愛的眼光，看待你的內在運作與歷程，將過去的事件和當前的行為加以串連。一旦你發現最初成癮的原因，**就進一步深入探索**。不妨找一位治療師陪伴你，最好要選擇整合取向的治療師，具備情感識讀的能力。（參見第二章，專門探討制約。）

將成癮擬人化，而非看成抽象的問題。如此一來，你對成癮的感受會改變，它原本是一種占有你的**事物**，現在成為**內在成癮者**的角色。經過這種轉變，你會更容易連結成癮，如同在和**某個人**對話，而這個人就像當初陷入成癮時的自己。

認識你的內在成癮者。每個人的內心都有一個成癮者，但不是所有人都和它保持健康的關係。我們可能會與它融為一體，和它站在同一陣線，透過它的眼睛看世界。我們也可能會與它切割，因為壞習慣而感到自責，結果為了開脫，一再重演成癮的行為。**面對內在成癮者，與其屈服或抗拒，還不如試著親近**。

當渴望浮現時，先確認你當下的情感。沒錯！你感覺到成癮的吸引力，但就在這股吸引力背後，正是你初次陷入成癮時經歷的情緒。當你有所渴望時，心中會有什麼情緒？把這些說出來，無論成癮的誘惑有多麼強烈，都要試著轉移注意力，放在你真正的情感上。感受這些情緒的深層，盡可能停留在這些感覺中。注意這些感覺是從多久以前開始的，有哪些回憶浮現了，你準備如何應對，並回想你還沒有上癮前，會如何處理這些情緒。

連結成癮前的自己，體會當時的情緒。試著親近成癮前的自己，至少要有一定的親密感，加強彼此的連結。想著那個更年輕的自己，想像他的外貌，帶給你什麼感覺，把你原本對成癮行為的關注，轉移到那個年輕的自己身上。將那個年輕的你，可能只是孩子或青少年，放在心中最重要的位置，盡量給予關愛和保護。拉近你和他的距離，讓他貼近你的心、你的內在、你的存在。為什麼會有這個內在成癮者？因為你沒有好好處理年輕的苦痛、未解決的傷口、未滿足的需求，內在成癮者正是代表你不成熟的「處置方式」，用擬人化的方式表達。你的任務是提供更健康、更有生命力的解決方案，來應對這類的苦痛和傷口，用健康的方式養育內在小孩／青少年，而不是繼續成癮，營造「照顧」的假象。

戒除成癮，不見得要避開依附關係。不依附別人，就會失去同理心，但同理心是面對和治癒成癮的關鍵。真正健康的依附，並不會有絕望的成分，反而是成癮充滿絕望。健康的依附帶來真摯的情感連結，但如果是上癮，這種連結就會變成束縛。當我們深入了解並探索自己的成癮傾向，以後再看到別人的成癮，就會變得更有同理心，如此一來，我們對自己和別人都會更慈悲。

＊＊＊

等到我們認清成癮的根源，並且妥善處理，就會踏上解脫成癮的路。雖然這段旅程可能很艱辛，但是我們心裡明白，自己走的路沒有錯，成癮對自己的影響確實正在減弱，因此無論步履多麼緩慢或蹣跚，都會堅持下去。枷鎖正在鬆動，每一步都隱含更多真實的自我，內在成癮者的痛苦根源，不再深藏陰影之中，也不再束縛和蒙蔽我們。

第十一章 陰影下的性

說到性愛的陰影面，無論它看起來有多黑暗，都不是大家想像中非常規或變態的性行為；相反地，性愛的陰影面是我們從未探討的心理和情感制約，卻默默引導自己的性行為。

性愛大致仍藏在暗處，就連當代西方文化也是如此。表面上看來，性似乎沒有那麼禁忌了，因為在這個時代，性的表達如此明目張膽，用圖像展示，甚至拿出來公開討論。但是即便這樣大肆曝光，並不代表我們清楚性背後的深層意涵、內在運作及形成因素，**我們需要更深層的剖析**。那些尚未受到充分關注與探討的部分，往往和性愛無關，卻悄悄影響我們的性行為。雖然這些因素在幕後控制或引導大部分的性行為，卻經常被實際的性行為所掩蓋，一直留在陰影中。

這些和性愛無關的因素，包括未解決的創傷、未滿足的需求、未承認的動機，以及性行為常常背負的各種功能，例如：

- 讓自我感覺更好。
- 減輕壓力。
- 證明自己受人歡迎、令人喜愛、與眾不同。
- 讓自己忘卻痛苦。
- 讓自己相信和另一半的關係緊密。
- 讓自己更有安全感。
- 安慰自己。
- 讓自己忽略關係中的問題。
- 讓自己感到完整。
- 讓自己感覺更有力量。
- 讓自己不那麼孤單。

我們發生性行為的驅動力，大多來自和性愛無關的制約，尤其是性興奮與性活動高峰的時期（這些制約常常受忽視，因而封閉在陰影中）。

性愛不僅是演繹陰影的舞台，還會吸引我們的注意力，忽視背後的陰影；也就是說，性可以展現我們的制約，也可以把制約隱藏起來。

史坦帶著另一半出席聚會，卻和新認識的朋友調情。從小他就渴望與眾不同，但是這股渴望無意間染上性愛的色彩，表面上，他只是跟對方聊得很投緣，內心深處卻渴望受人喜愛，這股需求就藏在陰影中；一旦這股渴望染上性愛的色彩，他就會誤以為自己迷戀的是強烈的性吸引力，但事實上他只是想討人喜歡。

另一半還是察覺了，當晚回到家後開始生他的氣。史坦的反應是：「妳反應過度了，我沒有那個意思，只是在開玩笑，沒什麼大不了的。」他的態度會導致兩種結果：一、看似是另一半有問題；二、史坦永遠不知道他調情的真正動機。

性偏好背後的創傷

對性行為有影響的陰影，包括未解決的創傷、未充分滿足的需求，於是我們將這些陰影性欲化（eroticizing）。以下是**極為**常見的性欲化過程（摘錄自我的著作《成為男人》（*To Be a*

Man）」：

一、早年曾經歷情感、生理或心理的重大傷害，但這些傷害沒有獲得解決，於是留下創傷。

二、這些創傷會伴隨著**能量**，一種能量印記，也是一種興奮感（無論是正面或負面），滲透到我們的生活中，尤其是當類似的情境重演時，就會再度喚起這種能量印記。

三、無論這種能量印記有多麼討厭，我們都會習以為常，似乎把它當成自己的一部分。

四、到了青春期或成年，**我們將這種能量印記（由原始創傷引發的興奮感）帶入性行為**，不僅重溫創傷，也暫時獲得釋放，雖然是短暫的釋放，卻格外誘人。

五、這種狀況會不斷反覆，往往有上癮傾向，除非有一天，我們清楚自己在做什麼，轉而以同情心和適當的行動，來面對原始的創傷。[1]

例如，比爾在性關係中特別喜歡扮演被動的一方，尤其是帶有暴力色彩的性行為。他以為

1 Robert Augustus Masters, *To Be a Man* (Boulder, CO: Sounds True, 2015), 220–221.

這只是自己的天性，畢竟大家都有不同的性偏好，不是嗎？但是他的這股驅動力，並非只有性愛的成分。在他小時候，父母喜歡發脾氣，還有暴力傾向，一直對他嚴加管教。對他來說，那些時光不僅充滿恐懼，還有負面的興奮感。雖然這種興奮感是負面的，但依然是興奮感。在成長過程中，他並未化解這種受支配的感覺，當他遇到類似的人時，竟不由自主深受吸引。他把這樣的吸引力性欲化，以為自己本來就喜歡強勢的人和情境。他受另一半支配的情境，從此染上性愛的色彩，在他的眼裡，這不過是成年人你情我願的正常行為。他內心深處的創傷，從未受到關照，依舊藏在陰影中，一再透過性行為來重演這種創傷模式。短時間的釋放，可以舒緩深埋的痛苦，讓他暫時遠離內心的受虐小孩。

另一個例子是吉兒，她生長的家庭和比爾有一點相似。她對於受到支配的情境有反應，但其實更渴望安全感。長大以後，她把自己對安全感的渴望染上性愛的色彩，偏好那些不強勢（甚至有一點軟弱無力）、不懂得表達憤怒的另一半。然而，她也可能會厭倦「好好先生」，卻為了安全感而繼續困在這種關係中，無論安全感有多麼令她窒息，直到有一天，她深入探索自己的制約模式，才有改變的可能。

我們童年時期的痛苦，可能在成年變成性欲化的能量印記，當我們從陰影挖掘這些能量，不再透過性行為來宣洩時，便能夠帶著同理心和關愛，直接面對這些能量印記及那個曾經受苦的自己。

性愛中潛藏哪些陰影？

絕望。這種性欲不僅難以控制，還帶有痛苦的情感和狂亂的能量，尤其是焦慮的情緒。這種過度的渴望，不單單與性愛有關，只是我們把性行為看得太過重要，卻忽視那個驚慌失措的內在小孩，結果讓我們更加絕望，導致體內累積了大量緊張的興奮感，似乎只能透過性行為來表達和釋放。越想轉移注意力，逃避自身的痛苦，就越渴望性欲，越想要透過性行為來解脫。

性沉迷。對於和性愛有關的行為、機會或情境，有一種過度的興趣，甚至有點失控，大家總以為這只是性欲旺盛，但事實上這是在轉移注意力，逃避潛在的傷痛。性沉迷的具體表現正是色情產業。

誇大性行為的解放效果。這種反應很常見，因為發生性關係之後，暫時會拓展我們的界限，短暫忘卻煩惱，釋放一些壓力。但是這種虛假的解放並非真正的自由，反而讓我們迷戀性愛和解放的快感。此時的沉迷不僅是性解放本身，還有性行為之前的能量累積，就像穿了一雙太緊的鞋子，忍到最後一刻才脫下來，脫鞋的瞬間帶來莫大解脫，鞋子越緊，脫掉時的快感和滿足就會越大。

誤以為性感或性誘惑是解放的象徵。性感或性誘惑的行為，經常等同於自主性提升，甚至是靈性狀態的揚升，但實際上仍缺乏真正的力量。這類行為的背後其實是渴望關注，主角是一個在過去備受忽視或虐待的孩子，如今我們把自己當成那個孩子。

將「變態」或異常的性行為視為常態。對於這類性行為過度寬容，盲目接受，不願意探討這些行為的根源。事實上，大部分的根源和性無關。例如，性行為明顯展現出權力關係，比方綁縛／調教／支配／臣服（BDSM），卻沒有看出這和童年未決的權力問題有關（把原始的能量印記轉移到性愛的情境中）。

把非常規的性行為看成「健康的性行為」。這就是不願質疑或探討自己的性行為，彷彿自己的性欲毫無陰影，認為這只是成年人之間的你情我願，單純享受性愛，分不清什麼是設定清晰的性界線、什麼是性壓抑。

投射。有些男性宣稱抗拒不了女性魅力，於是把自己強烈的性欲怪到女性身上。這類想法發展到極端，可能會覺得：「既然妳喚醒我體內的野獸，為什麼我不能撲倒妳？」這種人必須控制自己的能量印記，為自己的性欲負起全部責任。

此外，有些女性明明不想發生性行為，對方也沒有強迫，卻還是默許了，誤以為自己無法拒絕。這就是否定自己的力量，將力量投射到對方身上，甚至把這種無力感當成魅力，像極了她們的母親，總是在安撫有攻擊性或不滿的丈夫。總而言之，就是把太多的力量藏在陰影裡，沒有展現出來。

期待用性行為創造連結。許多人依賴性行為來感受連結，但是這樣反而會更依賴性行為。**關鍵在於先建立連結，再發生性行為，這樣的性行為才會是連結的表現**。與其依賴性行為來感受連結，還不如從陰影覺察情感連結的障礙，然後主動克服。

期待透過性行為，讓自己感覺更舒服或更安全。這會過度強調性愛，無法面對不幸福和不安全的根源，也就沒有解決的機會。何不先建立深度連結，再透過性愛來展現連結或共融？深層的性愛不保證會幸福，因為幸福和親密感早就存在了，是先有這兩者，性愛才隨之而來。

發生性行為的當下，需要借助幻想。如果要借助幻想才能享受「美好」性愛，那麼我們對性愛的興趣其實並不大，反而更熱衷心理遊戲，來增加性愛的感官刺激。性幻想看似無傷大雅，但這些性幻想不是真的在表達性愛，而是在反映尚未解決的創傷。當性行為沉浸在幻想之中，雙方很難建立親密連結。一旦去除性幻想的情色元素，剩下的只有心理和情感因素，雖然與性愛無關，但卻是我們在性愛中「依賴」幻想的真正原因。

發生性行為時，習慣情感疏離或變得情感疏離。發生性行為時，難免會忽視情感疏離的問題，尤其是在激情的情欲交鋒，人們會誤以為存在親密情感。如果在性行為期間切斷情感連結，即使再怎麼熱烈，也只是停留在表面而已。

避免在性愛中示弱。在這種情況下，我們不願面對，也不願承認，除了情欲的交流之外，性愛中還有其他問題存在。我們把自己的心藏在陰影中，喪失真正的情感連結，只好讓自己沉迷於性刺激，可能會故作堅強和借助性幻想，增加性愛的刺激度。不妨在性愛的過程中，試著和對方四目相交，並且放慢節奏，專注於當下。

過度強調高潮。我們的痛苦越深（包括對人際關係的不滿）或創傷未癒，就會越渴望高潮，覺得越多越好。與其追求高潮，還不如追求連結，坦誠面對情感的弱點；讓高潮自然而然發生，每一刻都在創造充滿愛意的感官享受與性愛，而不是非要達到什麼目標。

在意特定的身體部位。這種分割處理的習慣，通常會瞄準敏感帶或其他部位，刻意突顯出來。這樣可以和對方保持距離，迴避複雜的人際關係問題，帶來了一絲慰藉。這種傾向源自童年的需求，因為困頓而依賴某種東西，只是長大以後，為這種需求染上情欲的色彩。

明明沒有性欲，仍勉強自己發生性行為。性愛淪為了交易工具，比如剛剛和對方發生關係後，就可以換來更好的待遇，或是想為性生活增添刺激，於是從情欲下手，而不是探索關係出了什麼問題。

透過性愛來排解不想要的情感能量。如果發生性行為只是為了排解情感壓力，對方就成為情感宣洩的工具。

＊＊＊

探索和性愛有關的陰影元素，是一段值得展開的冒險。在這段過程中，我們對性愛不再寄予厚望，也不再依賴性愛來釋放尚未癒合的創傷。這樣的性愛不再是建立連結的手段，而是全心投入的過程，在彼此坦誠相待下，共同慶祝**早已存在**的幸福、信任和連結。

第十二章 信仰不該成為逃避

在靈性層面，我們可能有相當大的陰影，甚至否認自己有陰影。

自一九六〇年代以來，東方智慧在西方文化中風行，但是不包含陰影探索，西方宗教也一樣。在許多靈性道路上，大家以為靈性就等於光明，常常把所謂的「負面」或「黑暗」賦予不好的含義。我們不願剖析靈性的陰影，結果付出龐大的代價，導致自我矛盾，與完整的人性脫節，誤以為追求靈性就是要脫離和超越日常生活的經驗。

無論修行再怎麼高深，只要對陰影一無所知、無視不純粹的靈修動機，或是看不見自己在靈性生活有哪些不健康或不成熟的部分，這時候做得再多都無濟於事。靈性往往是逃避陰影的手段，試圖躲避我們壓抑的一切。這種靈性只是披著神聖的外衣，但終究還是逃避，把解離偽裝成超越。

用修行迴避痛苦的徵兆

靈性陰影的核心是**靈性逃避**（spiritual bypassing），意思是利用靈性的信仰和修行，來迴避痛苦的感受、人際問題、未療癒的創傷、成長需求。

無論哪一個靈性領域，都會碰到靈性逃避的問題。這並不奇怪，因為很多人投入靈修，不只是追求靈性成長，也是為了迴避自己不願面對心理和情感問題。

靈性逃避的徵兆如下：

過度疏離。從太過遙遠的距離，觀看正在發生的一切。這時候的陰影是強迫自己抽離出來，遠離世俗事務、人際關係問題、不舒服的情緒。這種偽超越的境界，對那些「已超越」的事物感到陌生。（然而，真正的超越其實是和超越之物保持密切關係，這樣當我們超越它時，並不會背離它；而是會將它納入我們存在的圈子。）

情感解離。通常會假裝心如止水，與情感脫節，尤其是痛苦的情感，可能認為這是一種靈性美德，彷彿超脫凡塵瑣事。當事人通常不會承認這種隱晦的逃避，因為它會藏在陰影的深處。

貶低個人經驗。許多靈修太急於超越個人層面，以為個人等於自我，好像自我會妨礙靈性成長。有人會建議「不要再糾結於自己的故事」，或者「這只是無關緊要的個人經歷」，這些話都在暗示，如果再繼續關注並探索個人的歷程和模式，恐怕會妨礙靈性成長。但是個人層面並不會妨礙靈性，超越個人也沒有比較高等。**一味追求超越自我，反而會和內在失去連結，終究有靈性逃避的問題**。

將憤怒病理化。在許多靈性道路上，憤怒被貶為阻礙，貼上了負面、不健康的標籤。這形同憤怒恐懼症，已經玷汙了靈性修行，導致力量喪失、界線模糊，以致人際關係缺乏真實和深度。有些靈修教派把憤怒等於攻擊、惡意及仇恨，這對信徒的傷害其實很大。如果我們所走的靈性道路，不承認憤怒是有用的，當我們感到憤怒時，可能會責怪自己，因為表達憤怒的行為，似乎表明修行不夠到位。但是只要憤怒與同理心相伴，即使到了暴怒的程度，仍是健康的情緒。

過度強調積極正面。這種行為會遠離自己的陰影，以及陰影所蘊含的寶藏。如此強調光明面的靈性修行，只會停留在表面，困在不切實際的樂觀心態。這時我們討厭自己的負面情緒，拚命保持正向、積極、過度樂觀，以致我們跟正在發生的一切脫節，無論再怎麼追求完整，最終還是會有內在矛盾，喪失力量。

盲目的慈悲。基本上，這是病態或過度的包容，卻披著關愛的外衣，對於衝突極度的恐懼。當我們陷入盲目的慈悲時，即使受到個人或團體傷害，仍會拚命幫對方的行為找藉口。反過來詢問自己：這個情況對自己有什麼意義？例如，為什麼這種情況會來到我身邊？為什麼會造成這種後果？對方卻不用承擔責任，我們甚至會假裝不讓對方負責，彰顯自己的修行比較高深。由於盲目的慈悲，以致我們變得過度友善，無論如何都想要以和為貴。

模糊的界限，或過於開放的界限。缺乏界限也是一種盲目的慈悲，對憤怒極度恐懼。在這種情況下，我們甚至會以為，沒有界限才是「真正的敞開心扉」或靈性成長。

誤以為自己覺醒了，但其實並沒有。這種誤解會妨礙我們去探索陰影，於是對自己的黑暗面否認到底。當代靈修人士常宣稱自己完成修行，但是這種說法其實毫無根據，也不夠成熟。這背後隱藏著未療癒的創傷、自尊低落、童年壓抑等，深深埋在陰影中，直到有一天會開始感到幻滅。雖然有些人經歷靈性覺醒，卻陷入錯誤的心態，將這份經歷當成靈性不動產，彷彿自己「抵達終點」，沉溺於那段靈性經歷的光芒，看不見自己的問題。

認為有評斷就是錯的。一旦評斷自己或別人，往往會陷入自我評斷的陷阱，但是有誰能完全避免評斷？只要是有思想的人，就會有判斷；評估的時候，也是在判斷。真正的關鍵就在於如何處理判斷。

將身體看成空殼，只是用來盛裝真正的自我。這種觀點不僅貶低身體，還暗示我們**困在**身體裡。我個人最深刻的感受是，真正的自我不是被身體**困住**，而是**透過**身體表現出來。這樣理解身體，就可以打破我們對身體的貶抑，不再將身體看成「空殼」或麻煩的肉身。大家常說困在身體裡，但真正困住我們的其實是那顆不願進入身體，徹底活出自我的心，因此反而要尊重身體，因為它是我們真實本質的美妙呈現。

更多關於靈性的內容，參考我的著作《靈性歧路》（*Spiritual Bypassing*）。

＊＊＊

我們真正需要的靈性修行，是願意深入探索陰影，堅定接納我們的**全貌**：無論高低、明暗、自由與不那麼自由。在這種靈性修行裡，個人、跨個人及人際層面都能和諧共存。

真正的靈性不會把黑暗妖魔化，可以配合心理和情感探索，預留充足的空間，照亮並善用內在的陰影。這種靈性修行追求深刻體現、充滿生命力的覺醒，包容我們**所有的**面向，因此不會和人性脫節，也不會逃避感受。絕不枯燥！不去逃避，所以是真正的抵達，讓我們親近自己的**一切**！沒錯，就是一切。

第十三章　對死亡的焦慮

當我們坦然接受死亡的概念時，或許會以為自己不再害怕死亡，但是這種恐懼深植內心，即便它在陰影裡占據很大的空間，我們也未必能夠察覺，這種無意識的死亡焦慮，比我們想像得還要普遍。

人類有自我意識，所以很恐懼死亡。難怪我們會精心裝扮屍體，彷彿死者要去參加社交聚會；我們經常不惜一切代價，延續垂死之人的壽命；有這麼多人相信來世是永恆的假期，「我」絕對不會死。為什麼我們會害怕失去、害怕巨變、害怕個人災難？這一切都源自對死亡的恐懼，因為它威脅我們和肉體的存續。

但有一個好消息是，如果可以把我們對死亡的恐懼完全從陰影帶入內心，就會加深我們與生死的關係，改變我們對死亡的基本態度，不再以恐懼為主。說到死亡的意義，大家並沒有明確的共識，卻都同意死亡是生命的終結。但是好好思考一下，死亡有哪些**可能的**意涵，而不只是人生終極的困擾，讓我們更貼近它一點，就不會那麼未知了吧？我們會說「塵歸塵，土歸土」，但是除此之外還有什麼？有什麼我們未曾想過的藍圖或種子？這些問題並沒有固定的答案，我們大可用開放的態度去探索，懷抱勇敢的好奇心，加深我們和死亡這個偉大奧祕的親密連結，也深化我們與生命的連結。

逃避死亡，會令人麻木。死亡是生命的一部分，帶來更多的生命、更多的進化、更多元的存在方式。基本上，生命就是一次「接近死亡的經歷」，每一分每一秒都逐漸走向死亡。死亡真的離我們很遠嗎？逃避死亡，便是逃避它帶來的可能性，久而久之，就會對生命感到麻木。相反地，冥想自己的死亡，並非陰鬱的修行，反而會讓人更有活力，讓人生更加鮮活、有意義、真實，更珍惜對自己**真正**重要的事物。

死亡的反面不是活著，而是誕生。生命的大門是雙向開啟的：我們進入，活一段時間，然後離開。我們吸第一口氣，過不了多久，又吐出最後一口氣。生命就是在這兩者之間的瞬間展演，由色彩、聲音、動作、感覺、意識和複雜情結交織而成，帶來一場短暫的沉浸式經驗。我們看到壽命短短幾天的昆蟲，可能會心生憐憫，但是宇宙萬物背後的那股力量並不這麼想，只認為人類與昆蟲毫無不同。這種對生命本質的體會，讓我們懂得謙卑；在廣袤無垠的宇宙中，自己就是這麼的渺小和短暫，但是儘管如此，並不會陷入絕望或存在主義的陰影中，反而會因為深度清醒感到敬畏，能夠包容生命中的一切。

死亡會帶領我們，進入如此包容的狀態。死亡不會遺漏任何一個人，每個人都有同樣的機會。我們對死亡的準備程度，就是彼此之間最大的差別。生命會超越我們，但我們即是生命，當我們不再逃避死亡，不再把死亡的事實推入陰影中，生與死不再有矛盾，而是一種難以言喻的真實體驗。

我們如何否定衰老、抗拒死亡

「縱使我穿越死亡陰影的幽谷，心中也無懼任何邪惡。」這句話出自知名的詩篇，暗示我們對死亡的感受和體會，死亡的陰影如此之大，烘托出死亡的黑暗。

說到陰影的投射，沒有什麼比死亡的陰影更巨大。然而，有關死亡和臨終的許多事物，不僅會投射陰影，也占據**我們的**陰影。

其中最主要的陰影，就是對死亡的**否認**，死亡赤裸裸的現實遭到邊緣化或無視。死亡受到的待遇，就像維多利亞時代的性愛，一律要關在門後面，盡量遮遮掩掩，那是只會發生在**別人**身上的事。對死亡的否認有以下各種形式：

非得有年輕的外貌不可。這種強迫症過度重視青春的外表，認為這樣總比衰老好得多。想想皺紋吧！我們總希望皮膚越緊緻越好、越無瑕越好。翻開流行雜誌的廣告，無非是一些抗皺霜，以及施打肉毒桿菌的光滑肌膚。看似青春，距離死亡和臨終還很遙遠，因此受到普遍的認可，就連殯儀館的遺體也要這種妝容。於是，坦然面對衰老與接受外貌改變的態度，全都藏在陰影裡了。

非得保持年輕不可。這種強迫心態太看重年輕的行為，推崇看似年輕的成就，卻藐視歲月的印記，例如智慧與平靜。除了追求年輕的行為外，還會追求讓自己感覺更年輕的東西，例如娶個嫩妻，反正就是讓自己覺得沒老多少。這是不願接納隨著年齡增長的能力轉變，也不願欣然接受衰老的過程，這些都會藏在陰影裡。

任由年老的女性消失在鎂光燈下。在我們的社會文化裡，停經與年老的女性一直慘遭邊緣化，這些人日漸衰老，大家就認為美麗不再。（而那些繼續美麗的女性，通常採取強力的措施，例如整形手術，來維持年輕的外貌。）電影中，年逾六十歲的女性角色也比同齡男性來得少，似乎年老的女性出現在螢光幕上，不那麼有意義與魅力。這裡的陰影潛藏著對死亡的恐懼，只不過是展現在明顯老化的女性身上。

殯葬業。這裡否認的不是死亡本身，而是迴避死亡赤裸裸的呈現。死亡早已走出家庭，就像過去數十年，分娩也走出家庭。屍體經過防腐處理，看起來更有生命力，通常還會穿上好像要去參加聚會或商業會議的服裝。大家普遍認為要保護死者遺體，免受風雨和腐敗的影響，簡直是把死者當成活人看待，彷彿他們還活著，沒有**真的**死去。還好有越來越多的人，選擇從殯儀館轉向家庭葬禮，剛好呼應家庭溫柔分娩的趨勢。這裡的陰影藏著對死亡的恐懼，尤其是害怕看見死亡。

追求永生。追求永生的目的，主要是逃避我們必死無疑的事實。但諷刺的是，唯有不逃避死亡，開始熟悉死亡，才會感到永恆的存在。這不表示我們會永生，而是我們會領悟到，永恆的存在從未離開我們。這指的不是個人的永生，而是一種永恆的純粹存有。這時候潛藏在陰影裡的是，對自身死亡的恐懼。

以為死亡就等於失敗。這種否定的態度遍布於醫療和其他層面，因此不惜一切代價，也要延續垂死之人的生命。這種觀點往往把死亡看成一種疾病，認為人體系統出問題，終有克服的一天。如果懷抱這種想法，人們幾乎不可能有尊嚴地離世。我們無法抱持平常心，面對死亡和必死的現實，這些都潛藏在陰影中。

將死亡當作病態的話題。為了逃避死亡，社交場合會避免談論死亡，刻意轉移話題。現在是讓死亡走出陰影的時候了，但不僅僅是心理治療的場合，還是親人臨終或死亡的時刻。我們真正害怕的是死亡，卻假裝自己是在害怕結束，這些恐懼一直藏在陰影中。

用委婉的語氣談論死亡。我們談論死者，會使用「往生」、「去更好的地方」、「轉世」等詞語，這往往和死亡的真相保持一段距離。這時候隱藏在陰影中的是，我們淡化死亡，彷彿死亡是一個過渡期，之後會通往下一個目的地。雖然我們不確定死後會發生什麼事，卻相信死後有某種延續，來降低死亡對我們的衝擊，但是如果死後真的有延續，也只有真正經歷死亡的人才能體驗到。

無條件相信來世的存在。無論是宗教或無神論，對死後都有明確的立場，但是從跨文化的角度來看，死後會發生什麼事並沒有定論，不過有許多人仍堅信來世的存在。如果不剖析這種信念，恐怕無法以開放的心態面對死亡，以及死後發生的一切。於是，我們不願意結束的執著就會埋藏在陰影中。事實上，死亡的奧祕遠遠超越我們對死亡的所有看法。

無條件否定來世的存在。這和上一個信念正好相反，簡單來說，就是認為死亡不過是徹底的消亡。這種看似強硬、無畏的立場，雖然直接面對人必有一死的現實，顯得特別勇敢，卻迴避了死亡的超個人或靈性層面，因此並不是真正的勇敢。這時候隱藏在陰影中的，是對死亡及其奧祕的恐懼，忽略每個人的本質都是無邊無際的。

自戀。在這個強調個體性的文化，自戀十分猖獗。自戀的人會避開任何讓自己感到脆弱的事物，例如真切感受死亡的現實和死亡近在咫尺，於是同理心、脆弱及社群意識（sense of community）都會藏在陰影中。

情感麻木。切斷和深層情感的連結，可以逃避每個人終將一死的現實。一個人如果夠麻木、夠解離，可能會誤以為自己不怕死，沒有死亡焦慮，但實際上只是把死亡的恐懼推向黑暗的更深處。這時隱藏在陰影中的，正是對死亡的恐懼、對深刻情感體驗的恐懼，還有對情感疏離的過度依賴，以為這樣就能避免痛苦。

逃避悲痛。在我們的文化裡，有許多悲痛無從表達。面對悲痛，許多人誤認為壓抑悲痛是堅強的表現，甚至會為了別人故作堅強，只允許自己流淚片刻，因為如果讓自己釋放悲痛，整顆心會破碎，變得毫無防備，深深的失落會在心中瘋狂流竄。我們可能會憤怒、痛哭，甚至覺得自己瘋了，但是隨後會平靜下來，感覺內心無限寬廣，情感不斷變化。悲痛不是井然有序的情感，如果我們以為情緒失控等於失態，就會害怕敞開心扉去面對悲痛的情緒。我們的文化排斥真切的哀悼，不允許大家透過情緒，充分表達某次死亡對我們的意義。這時候隱藏在陰影中的，是我們赤裸裸的心與脆弱，以及羞於完全展露情感。

無法全心投入生命。全然投入的人生看似理想，但勢必要深入體驗死亡和人生有限的真相，因此我們會選擇退縮，不敢過於投入。這時候隱藏在陰影中的，正是對徹底活出自我的恐懼。

揮別死亡恐懼

覺察並探索你對死亡的定見。把自己抽離出來，從遠處觀察你對死亡的定見，追溯它們的來源，並寫下來。從此以後，你對死亡的本質可能不那麼篤定，但是將會幫助你會更徹底開放，面對死亡與生命的奧祕。

如果你極力迴避死亡，請以慈悲心看待自己。將這種迴避死亡的渴望帶入你的心中，就像抱著不安的愛子。這麼做不是為了擺脫渴望，而是要從陰影中帶出渴望。

每天感受你必死的事實。不要只是思考死亡，而是要深刻的體會，記錄它的真實樣貌。每天早晨醒來和夜晚入睡前，花幾分鐘做這件事。除此之外，當你開始煩惱日常瑣事時，也可以做這個練習。如果面對死亡會令你不安，不妨先停下來安撫這份恐懼，就像對待擔心受怕的孩子。

該做的事不拖延。靜下心好好想想，人生中有哪些部分暫停了，這些拖延真的有必要嗎？試著從人生有限的觀點出發，假設得知自己只剩一年的壽命，你想做什麼？又想完成什麼？

深入探索你的陰影。親近你的每一個陰影元素，包括對死亡的迴避、對死亡的恐懼，以及人生有限的事實，讓一切走出黑暗。陰影中的所有事物，都值得你探索和照亮；只要有任何部分遺漏了，你就無法真正活在當下。把陰影覺察與探索的工作，當成生活中的重要練習。

不要迴避死亡。帶著專注與關愛去面對，以後再想到死亡，不要只想到問題或噩耗。試著探索你對長壽的渴望，然後換一個角度思考，如果生命延長了，是福也是禍，因為活得越久，衰老的過程就越漫長。

無論境遇和年齡如何，都要全然活著。當我們充分體驗生命，全心全意活著時，不僅會敞開心扉，面對生命的奇蹟、美麗、痛苦與榮耀，還會感受生命的短暫及多采多姿，而我們自己也是其中的一部分。我們在短暫的生命裡，越深入體驗、盡情感受，越感到生命的珍貴，而死亡會成為強力的提醒。當我們明白死亡、生命有限和深層的失落時，反而會活得更輕盈，從人生的無常看見了純粹的美，獲得難以言喻的啟示。

讓「未知」變成你人生的中心。我所謂的「未知」（not-knowing）不是無知或思維混沌，而是內在的包容和寬廣，不受任何既有的知識侷限，就算無法掌握所有的解答，也能夠泰然處之。未知的狀態，不會受到已知的束縛。安於未知，便能和死亡建立更親密的連結，以開放的態度面對，就連最平凡的時刻，感受呼吸的一進一出，也能有深刻體會。

想像自己躺在臨終的床上。想像一下，你正在做人生最後的十次呼吸。感受自己逐漸放下身體，讓身體安息，同時你也沉入無邊無際的空間，越來越敞開心扉，迎接當下這一刻的核心奧祕。和這個景象共處一段時間，至少幾分鐘，接著為自己送上祝福，願自己以想要的方式死去，**例如願我死得安詳，完全解脫。願我迎接死亡時，保有清明的心智和開放的心靈。**輕柔地念出祝福，然後重複一次。

每天養成靜觀的習慣，讓你活在當下，踏踏實實。首先，做集中注意力的練習（例如數呼氣的次數，從一數到五，如果忘記自己數到哪裡，就從一開始）。等到注意力穩定下來，放下這個練習，然後開始拓展注意力，直到無形無界的狀態，全然專注於萬物的不可知，包括死亡這件事。感覺自己的存在，雖然會死去，但不會消亡。單純體驗這樣的感受，不要化為思維的概念。

每隔一段時間，想像身邊的事物已成過往雲煙。每天花幾分鐘，想像那些看似實體的東西，**已**經解體、消逝、化為塵埃。雖然現在看起來，這些東西還存在著，但是換這種角度去看，可以清晰感覺到萬物的無常。萬物終會消逝，這正是生命的核心，**能有這份體會至關重要**。調整自己去感受這個真相，並不會令人不安或沮喪；這只是在敞開心靈，盡量接納萬物的轉瞬即逝。

每一次放手，都是死亡。用心體會這個道理，感受其中的悲傷與重生，領悟人生裡無數微小的逝去。許多次放手都在不知不覺中發生。想想看，每次呼氣，其實也是在放手，但我們常常無意識地完成呼氣，理所當然期待下一次的吸氣。從這個角度來看，為了獲得更多生命，不斷在死去；為了活著，一再經歷小小的死亡。

＊＊＊

死後發生的事，此刻就在發生，每一刻都在進行著。當我們和死亡越來越熟悉時，就會有這份感悟；我們無處可逃，只能深入體驗當下，我們也無法成為其他人，只能好好做自己，無論身處陰影還是光明。

要怎麼體會呢？不是靠知識累積，而是放下對存在奧祕的理性理解，把自己視為存在奧祕的展現，獨一無二，持續進化中。如此一來，長壽反倒是其次，善終才是重點。

第十四章 我們為什麼抗拒？

抗拒是一種表達，無論是否透過言語，都是在「拒絕」某人或某事，這是在設立界線，保護自己。

健康的抗拒會以適當的力道，保護該保護的事物；不健康的抗拒則會**過度保護**該保護的部分，或是保護沒有必要保護的東西。無論哪一種情況，抗拒都是在妨礙、阻撓、反抗、對抗、封鎖、反制、發出異議，特別強調「我不要」。

我們的抗拒往往是一種防衛機制，無論是否有意識，都是為了保護內在小孩，因為小時候我們無法喚起自我保護的力量。而抗拒會形成一道屏障，阻擋小時候曾經對我們不利的壓力、期望和刻板印象，尤其是當下的情境正好重現這些過往經歷。這種防衛看似過時，但它之所以會出現，是因為童年的傷痛尚未化解，正在心中浮現，而這些傷痛都缺乏足夠的保護，所以缺乏安全感。

然而，抗拒並非總是來自童年的傷痛。想像一位善意的母親，每天強迫女兒服用維生素，吃健康的食物，現在這個女兒長大了，經常「忘記」吃營養補充品，甚至大啖垃圾食物，雖然心中有一絲愧疚，但同時感到快樂。表面上看似是她的自主選擇，實際上卻是童年形成的抗拒心態，正在支配她的行為。

抗拒有時直接明瞭，但是也可能藏在陰影中，難以表現出來。

受到忽視的抗拒

如果我們早年表達的「不要」，曾經遭到忽視、攻擊或不當對待，長大之後就可能難以說不，來堅定捍衛自己的立場。即使內心想要拒絕或應該拒絕，也不會直接表現出來，而是會透過間接的方式，例如被動攻擊和其他操縱行為。

傑克的父親有很強的控制欲，簡直到了專制的地步。後來，傑克娶了性情溫和、心地善良的羅拉。傑克擅長修理東西，但是每次羅拉好聲好氣請他幫忙修房子，或順路買東西回家，傑克總是會「忘記」。羅拉忍了一陣子，終於忍無可忍，決定表達她的失望，指責傑克故意忘記。傑克矢口否認，辯稱是自己記性不好，並不是要故意傷害她。只要勾起傑克童年被父親控制的回憶，他就會極力反抗，這種情結就藏在他的陰影中。

越是忽視自己的抗拒，這種心態就會在陰影占據更多的空間，同時會堅決否認自己在抗拒。這樣的執念有一部分和早年經歷有關，當時曾表達抗拒，卻遭到攻擊、羞辱，或是因此失去了愛。

如果抗拒沒有直接表現出來，釋放反抗的能量，大部分會駐守在陰影中。大家可能都有過這樣的經驗，明明感受到對方的抗拒，對方卻矢口否認，說一切都是我們自己的想像或投射。這會陷入僵局，大家各說各話。

此外，當我們抗拒某件事時，卻選擇否認、迴避或淡化，也會把大部分的怒火推入陰影中。要堅決表達抗拒，必須設立明確的界限，而這些界限需要憤怒的支持，但是如果無法隨時調動怒火，界限就會動搖。一旦有任何抗拒遭到否認，藏在陰影中，怒火會隨之遭到抑制、壓制和束縛，留在陰暗處悶燒。不充分表達憤怒，是在削弱自己的力量，讓自己的界限變得鬆散、破損，甚至消失不見。

當我們無法堅決說不時，真心說好的能力也會大打折扣。

有些人太容易服從團體規範，包括家庭、社交圈、政黨、靈修社群，以致堅決說不的能力，大多被推入陰影中，甚至連自己也沒有察覺。

別再把抗拒視為過錯

抗拒是難免的，但它不一定是問題，儘管它經常承受負面評價，特別是在一些世俗或靈修的圈子裡，強調對上級無條件的忠誠。於是，把抗拒的行為或「抗拒的狀態」貼上負面標籤，讓那些「有反抗情緒」的人感到羞愧。把抗拒視為過錯，只會把它推入更深的陰影之中。

試想，某人加入一個團體，那個團體對於如何過生活有著嚴格規定。如果這個人敢質疑，其他成員看到了（尤其是領導者），可能會認為他在抗拒，非得「服從」不可。這個人可能會收到警告，如果再繼續「抗拒」，就會面臨各種可怕的後果。想必往後有一段時間，他會假裝服從，因此獲得團體和領導者的認可，但他不是真正的屈服，而是裝出放棄抵抗的樣子。

每當靈修或個人成長導師指出學生正在抗拒，其實這些老師本身也是在抗拒學生的抗拒，把抗拒推得更遠，看不見抗拒的意義和源頭。

然而，我們的抗拒無論有多麼頑固或不合時宜，往往是為了我們好，給自己一個喘息的機會，讓我們重新考慮自己的選擇（例如迫於壓力而不得不堅持某段關係，或留在某個團體），或是單純地讓我們有決心脫離有害或負面的環境。

面對我們的抗拒

抗拒所傳達的「不」，或許不是那麼有智慧或深思熟慮，但仍是明確的「不」，我們必須先用心聆聽，而不是立刻批評或漠視。面對抗拒，我們要試著正視和面對，而不是單純地視為阻礙。

抗拒蘊含強大的能量，這些能量可能受到圍困或壓抑，或是過度防衛。但是只要有合適的條件，這些能量可以釋放出來，並重新轉化，進而為我們服務，而不是阻礙我們。

我的服務對象上門時，通常會帶著兩個基本需求：第一個需求顯而易見，就是要完全治癒，真正自由；第二個需求就比較隱晦，是在抗拒改變，主因是療癒的過程需要付出努力，**這是必然的事**。大家都渴望深刻轉化的好處，卻不想經歷其中的改變，尤其是特別艱難或痛苦的步驟。這種想法很正常，直到有一天我們領悟到必須面對一生中經常在迴避的事物，到了那時候，我們就不會再繼續沉溺於「自我感覺良好」的靈修派別，還有那些簡單三步驟的心理學。

我們面對抗拒，不可以隨便拆解、壓平或摧毀，因為它可能正在保護真正需要**捍衛**的東西，或是曾經需要保護的事物。如果強行衝破抗拒（例如侵略性治療），短時間可能會感覺良好（如同強烈的性高潮），但是從長遠來看，只會讓我們更需要重建並捍衛原有的抗拒。因為那些受到保護的事物，比如我們極度脆弱的一面，會從內心深處呼喚自己，再次築起圍牆。

我們要看穿表象，用心傾聽抗拒所傳達的訊息。我們要深入感受，並照亮抗拒背後潛藏的痛苦；敞開心扉，接納受傷的內在小孩，因為大部分的抗拒都源自於它。妥善照顧自己的抗拒，既不要壓抑，也不要衝動表現出來。首先要承認抗拒的存在，深入陰影之中，帶出抗拒及它試圖保護的事物，清楚看見抗拒的歷史與構成要素。

抗拒的十種形式

拖延。這是一種逃避和不必要的拖延，導致決策和行動一延再延。拖延是無人之地，充滿無效的承諾，實際上就是逃避**當下**，削弱自己的力量。我們拖延時，內心會陷入「我應不應該」

的矛盾，拖延的執著往往藏在陰影中。這時候不妨探索拖延的**源頭**，詢問自己：做某些決策或行動是在害怕什麼事會發生嗎？拖延的核心往往是內在小孩／青少年在反抗，不甘願受到控制或命令。

分心。這就是心不在焉，逃避**此時此地**，導致真正要做的事退居幕後，甚至完全看不見。想要解決這個問題，就要停止分心，盡量揭露分心這件事，探索它對自己的吸引力。深入分析自己的分心行為，弄清楚自己正在逃避什麼，這樣就不會隨便把分心合理化，或是讓自己陷入分心。

上癮。對於特定行為、物質或信念過度執著，其實是一種走偏的欲望。上癮會抗拒自己真正的需求，將它們藏在陰影裡，卻用衝動的方式表現出來。面對上癮的自己，必須懷抱慈悲心對待內在成癮者，盡量深入了解潛藏的傷痛。（更多有關上癮的內容，參見第十章。）

防備。這是刻意阻斷和他人的連結，往往堅信自己是對的。界線常過度強化，抗拒的同時，臉上可能還掛著微笑、咧嘴笑，或是面無表情。防備就等於關閉心門，這會扼殺親密關係，除非有一天自己覺察到這種防備心。面對防備心，先試著點名它，探索其根源，看透它，然後解除它的武裝。

自我破壞。這是阻礙自己的行為，以致自己做某件事必定失敗。基本上，自我破壞（self-sabotage）是為自己預設障礙，卻不承認是自己造成的。這背後潛藏很多陰影，包括忽視內在小孩、為自己的行為找藉口，以及害怕成功的後果。重要的是，面對自我破壞的傾向，千萬不要羞辱自己。（更多關於自我破壞的內容，參見第二十四章。）

內疚。人們在內疚時會受到陰影的束縛，無法整合並表達情感。**羞愧會令人無所遁逃，但內疚會讓人分裂**。幼稚的自我做了「壞事」，另一個扮演父母的自我正在懲罰自己，透過內在批評者的聲音不斷自責，這兩者之間的僵局正是內疚的核心。當我們忙著演出內疚的戲碼時，就無法面對真正該解決的問題，例如我們可能對別人造成的傷害。內疚讓我們停滯不前，迴避成長。

將痛苦變成受苦。痛苦是人生的一部分，往往無法避免。然而，受苦是對痛苦的過度誇大，比如反覆想著別人傷害我們，這就是可以避免的。一旦陷入受苦，便無法療癒和突破；不僅要經歷痛苦，還要忙著抗拒。受苦的人總會把許多痛苦推入陰影中。要終結受苦，就要深入感受自己的痛苦。（該如何處理痛苦，參見本書第三篇。）

卸責。從能量的角度切入，這是防備心的輕量版，不是築起一道牆完全封鎖，只是輕輕一推，把我們收到的能量轉回對方身上。這樣就可以全身而退，讓對方成為問題的焦點，代替我們承擔責任，承受壓力。當我們忙著卸責時，常會粉飾太平，裝作自己只是在溝通而已。這時候藏在陰影中的是什麼？正是攻擊性。

解離。這是一種不健康的分離或脫節，包括心不在焉、失去感覺、和當下脫節、跟身體分離，情感變得空虛或平淡。因此處理解離的第一步，就是重新連結自己的身體，活得踏實，活在當下。

聲稱自己正在嘗試。當我們說自己正在嘗試時，意思是只投入**一部分**的心力。我們對這件事的態度是矛盾的，所以很可能不會去做，至少不會全力以赴。當我們說「我在嘗試」時，其實是在為自己留後路，萬一沒做到也有藉口。正在嘗試的過程，看起來好像正在進行，或許還帶著新年新希望的真誠，但不過是半調子的嘗試。

如何處理抗拒？

以下是幾種處理抗拒的技巧：

一、找出抗拒的徵兆。注意你的抗拒有哪些表現方式。

二、每當抗拒浮現，就把它說出來。做這種練習的時機，通常是你反應過度的時候，因此要弄清楚抗拒和過度反應的關聯。一旦你覺察抗拒，立刻為它命名（例如「我在抗拒」、「我的抗拒來了」、「我感到抗拒」）。如果可能的話，順便說出你抗拒的原因，你到底在保護什麼（例如捍衛受人尊重的權利）。

三、別因為抗拒而感到羞愧。切記，抗拒是自然反應，問題不在於抗拒本身，而在於你如何處理。

四、覺察抗拒，不帶有負面評價。抗拒值得我們去好奇和探索，並不是應該譴責或捨棄的東西。

五、試著找出抗拒的原因，包括過去和現在的原因。你一直以來的抗拒，是在保護內在的一部分，究竟是在保護什麼？或試圖保護什麼？

六、探索抗拒的起源。這種抗拒從何時開始？為什麼會出現在你身上？這是對什麼的反應？將過去與現在連結起來，但不要只停留在理智分析。深入地探索抗拒，看看它是在保護什麼、從何而來，以及從過去到現在有哪些變化，不妨找合格有經驗的心理師，陪你一起探索。

七、確認抗拒所要保護的對象，將其擬人化。有時候可以做這個練習，但是不用每次都做。假設你發覺抗拒的背後是恐懼，藏在你的陰影中，試著將這種情緒狀態想像成一個驚恐的小孩，然後扮演慈愛的父母，好好善待對方。

八、透過情感和身體來表達抗拒。在合適的時機，透過聲音和動作（例如雙手用力往外伸，好像在推開不想要的東西），讓抗拒有機會好好表達出來。盡量簡單，不需要過度思考，只要傳達出自然真誠的**不要**。重點是盡量排除壓抑，確保你是在一個安全及／或私密的環境。

九、盡量帶著慈悲心，來面對你的抗拒。雖然要有慈悲心，但是面對自己的抗拒，也不能毫無質疑或過度放縱。

＊＊＊

抗拒是你的一部分，而不是外在的「東西」，它就如同你的其他部分，也值得關愛。

第十五章 誠實背後的動機

當我們言語和表達**方式**不一致、不協調時，潛藏的陰影不僅四處潛伏，還會直接影響我們的言行。身邊的人可能會察覺，但是只要有想要無條件相信我們的強烈渴望，就可能會選擇忽視或忍受（以免製造麻煩、激怒別人或挑戰現狀）。

例如，某人受情勢所迫，向我們表達愛意，卻沒有實際展現愛的行動，但是我們渴望聽到這些話語，就選擇盲目相信，不過其實內心早已覺察這是在胡說八道，只希望對方趕快閉嘴。我們懷疑對方堅稱的真相，卻反過來貶低自己，以為是自己的問題。我們會開始自責，覺得自己不該懷疑對方的話，任由內在批評者不斷攻擊自己。這時我們推入陰影的，正是自己的直覺。

「親愛的，妳是我的女人，我愛妳！」每天早上上班前，尼克都會對朱莉說這句話。尼克前腳一走，朱莉就感覺到一絲不安，卻立刻責備自己，覺得自己不該懷疑丈夫：「我太沒有安全感了！我應該相信我的男人，別再胡思亂想了。」在朱莉從小生長的家庭，雙親的關係很緊張，每次她說出自己的擔憂，父母總會堅稱一切都好。漸漸地，朱莉不信任自己的直覺，把大部分的直覺指引都推入陰影。結果，朱莉才剛和最好的朋友抱怨，說自己總是心神不寧，沒想到轉眼間，尼克居然領光共同帳戶裡的錢，帶著祕書一起飛到墨西哥。

如果對方的言語聽起來不自然、不契合對方的情緒狀態，也不符合雙方的關係連結程度，實際上對方正在傳達一些沒說出口的事，而這些事大多藏在陰影中。在親密關係裡，如果能勇於指出這種情況，就是勇敢邁出一大步。

言語不夠真誠，連另一半和好友都出於善意指出問題，卻還拚命否認，這樣是很危險的。這種否認會侵蝕雙方的信任，讓自己變得孤立，自以為是，把陰影越推越遠，而非正視它。

誠實非常重要，但誠實不只是表面的事實，看起來是直接的事實陳述，不過背後還藏著一些東西，埋在陰影裡。比如我們在某個情境下，真誠表達自己的需求，但有沒有認真面對需求背後的動機，或是我們希望透過誠實來換取什麼？換句話說，我們有沒有誠實面對內心深處的動機和陰影？我們有沒有想過，誠實還有更深一層的含義？

舉例來說，我們真心想幫助有需要的人，隨時待命，盡心盡力。我們是真誠的，很快就和對方建立深厚情誼。但是我們從未想過，這種助人行為可以追溯到童年，當時自己想幫助受虐的兄弟姊妹，卻無能為力。當時年紀小，幫不上忙，但是現在可以了。這種陰影元素讓我們**過度**強調助人，最後演變成難以解開的共依附（codependency）關係，直到某天，我們才發覺助人意願隱含著更深層的動機。

無論是什麼情況，我們都要深入分析自己的答應或同意，確認其中有多少是源自傷痛、慣性行為模式，還是我們為了獲得某些好處而答應請求。開誠布公不等於真正的誠實，因為我們可能會利用這種坦白來達成不健康的目的，例如利用開放和脆弱來勾引別人。我們甚至可能以誠實的名義，無意中傷害別人，卻不為後果負責，於是說「我只是把看到的情況告訴你」、「是你自己要我說的，現在又怎麼了？」這樣為自己辯護。

太吹捧誠實，把它視為美德，很可能會忽略「全然」誠實背後不那麼光彩的動機，例如：

壓制他人。用言語的力量，藉著誠實的內容和表達方式，來妨礙或打擊別人。例如自己不喜歡對方準備的餐點，還用尖銳的語氣傷害對方，若是對方聽了，開始感到不安，還可能會繼續說：「我只是說出自己的感受，如果讓你不舒服，那是你自己的問題。」這種模式的「誠實」

缺乏同理心，也談不上勇氣。

需要掌控局面。這種策略把誠實當工具，用來打擊別人，讓自己繼續掌控局面。如果坦承自己的掌控欲，可能會暴露自己的弱點，失去控制權。

鞏固自尊。因為自己這麼坦白，就覺得特別厲害。可能是以前撒過謊，而受過別人的羞辱，現在就透過誠實來補償自己，獲得自我膨脹的滿足感，但這其實是一種不太健康的自負。

美化自己的心理和靈性履歷。如果沒有反省，自我本位的心態可能會偽裝成「我就是誠實」和「我就是直來直往」，甚至樹立一種心理或靈性的權威。

想讓別人印象深刻。利用外在的表現，讓自己顯得特別或動人，這種情況並不少見，比方因為說話特別直白，而獲得某種地位，受到別人的敬重。

以誠實為名，達到自己的目的。誠實可能是人際關係的槓桿，表面上說真話，但實際上是在操縱關係。如果是這種誠實，距離真正的誠實還很遙遠，並沒有揭露真正的動機（例如想掌控局面）。對方可能感覺得到，並表達自己的感受，卻可能遭到反擊：「你就是無法面對真相」，或「你就是不肯反省自己」。

＊＊＊

真正的誠實是經過深刻覺醒，毫無防備的自我揭露，重點在於持續覺察陰影中潛藏的動機，把它說出來，但不衝動表現出來。坦誠面對自己的誠實；不隨便視為美德，而要坦承誠實背後的動機。這樣做可以加強彼此健康的連結，把關係變成一個更安全的空間，讓雙方都能充分表達自我。

第十六章

你選擇的不是你的選擇

選擇不一定像表面看來那麼簡單。我們可能以為自己在做選擇，但其實是我們的制約（那些未經深入探索的陰影面）在替自己做決定。

究竟是我們在做選擇，還是選擇在塑造我們？我們的選擇難道只是無意識地追隨內在制約嗎？如果對自己的選擇能力缺乏覺察和掌控，怎麼有資格說自己有選擇自由？這不只是個哲學問題，更是關乎存在的問題。不要再糾結選擇是自由意志或命運安排，而是要看穿爭論的表象，深入探討背後的核心。

我們總覺得自己有選擇自由，可是當我們發現是內在的制約，尤其是那些受陰影束縛的制約，幫我們做了選擇，真的會突然清醒過來。

選擇另一半就是很典型的例子，我們挑選的對象往往符合自己最有感覺的內在制約，無論這種感覺是好的、壞的或好壞參半。我們很少質疑自己挑選另一半的動機源自內心的哪個部分，只是任由強烈的情感牽著走，而這種情感本身還有可能會被性愛的能量和期待放大了。

一個常見的例子是，如果父母特別冷淡，從小到大就會渴望雙親的愛、關注及全心陪伴。無論童年經歷有多麼負面或痛苦，這股未滿足的渴望總會在體內形成強烈能量。長大以後，如果不覺察、不面對受陰影束縛的情感，往往會愛上過了蜜月期就無法投入感情，也不願改善的對象。

這種關係最初的激情，通常只是把情感能量轉化為性欲，因為過去曾遭受忽視，感覺不被需要，因此渴望那種看似靠近卻遙不可及的愛。陰影中那個受到忽視的內在小孩，正在無意識地挑選伴侶，雖然對方還不夠投入，卻傻傻期待對方未來**有可能**會這麼做。

由此可見，尚未化解的童年創傷，以及伴隨而來的情感能量，讓我們反覆做出相同的選擇，除非有一天我們覺醒了，認清這種模式，否則就會一再重演。但只要試著觀察，而不是貿然陷入其中，就不會輕易被制約牽著走。

看清自己有多少選擇能力

選擇沒那麼簡單，並不是幾個選項擺在那裡，隨意挑選一個。我們要覺察自己真正的選擇能力，否則做選擇的其實是我們的制約，尤其是那些未被照亮的部分，會假裝成我們的意志，替我們做決定。這裡的陰影包括：一、拋出這些選擇的內在制約（毫無意識可言，完全是機械式的）；以及二、我們對制約的**認同**（不加質疑就順從這些制約及其偏好）。當我們完全被自己的制約所控制，選擇自由就只是一個幻覺。無論看起來多成熟，都是陰影元素在做選擇。

研究顯示，選擇過多時，可能會有選擇障礙。如果只有兩種果醬可選，沒有什麼問題，但是如果有十幾種，就會有麻煩。過多的選項並不會強化篩選和評估的能力，反而會弱化。我們一次能夠考慮或評估的資訊有限，過多的資訊只會超出負荷。如果曾經因為做選擇，而遭遇危險或損失，這種壓力就會更大，比如從小面對難搞又暴力的父母，只要「做錯」選擇，就可能受到懲罰。

那麼我們對於做選擇的過程本身，到底有多少選擇權？答案是有的，但前提是要對自己的制約夠了解，把制約從陰影拉出來，**並且**透過情感和身體來感受。

如果習慣逃避痛苦，分散注意力，**只要**選擇跳脫慣性，直接面對這份痛苦，就是做了關鍵的決定（這個選擇不是出於制約，而是來自內在的核心與真實的自我）。只要練習一段時間，原本習慣逃避的事物，就沒有那麼需要逃避了，很弔詭吧！我們越是覺醒，越了解自己和陰影，就會發現自己別無選擇，非要面對不可，這樣的選擇不像束縛，反而像解放。**這時候無論做任何選擇，都是順應當下的核心需求（或者說最佳行動），順勢而為罷了。**

想想看新生兒，他們做的事情並非自我選擇；而是順應情勢，自然而然做出的反射反應。新生兒顯然有覺察能力，但這種覺察和選擇無關，而是讓需求來引導一切。即使到了成年，這個原則也適用，只是在成熟的人生階段，就會變成**有意識的**過程。任由需求來主導行動，就像一顆小石頭劃過水面，水塘無須刻意選擇波紋如何擴散，我們也不必刻意選擇如何行動。

不刻意選擇，卻做出最好的選擇

我們以為自由和選擇有關，但更重要的是了解偏好如何形成。人在長大以後，偏好不會（也不該）消失，但是不會再被這些偏好奴役。大家要記住，**偏好也不是自己可以選擇的。**

如果放任制約不管，制約就會自動替我們做決定。只要我們認同這些制約，就會以為是**自己在做選擇**，自己在行使自由意志。然而懷抱這樣的信念，只會讓我們處於自動慣性模式。相反地，只要有足夠的覺察，就有機會擺脫內在束縛的「規則」。雖然外在情況可能沒變，但是反應方式卻會截然不同。換句話說，雖然身處陷阱，卻不再受困。

清明的覺醒，可能是最理想的狀態，讓我們明白什麼是「最佳行動」，因為在這種狀態下，我們會看到自己的陰影，不再受它左右。但是要進入這種覺醒狀態，難道不需要選擇？

答案是需要，但這是一個**沒有人選擇的選擇**，是不受自我意識驅動的選擇。也就是說，保持這種覺醒的狀態，並不是內在有個選擇的主體，經過權衡利弊後，選擇了這種狀態。

最深層的智慧並不刻意做選擇，卻做出最佳的選擇，因此這些選擇不是真正的選擇，而是明智順應每個情境的根本需求。這聽起來可能很被動，卻是真正的靈活主動，期許自己在每一個當下，都能保持警覺、專注、開闊，並且完全活在當下。

這裡也沒有逃避責任的問題，不會把自己當作命運的受害者。做了選擇（無論怎麼做，**我們都會負責到底**），不責怪命運、父母或我們的制約，並且持續關切這些選擇潛在的效應。

很多時候，我們不是真正做選擇的那個人，但要是沒有我們的參與，選擇也無法完成。因此不妨把自己抽離出來，從遠處觀察選擇的源頭，確認制約對選擇的影響有多大，但是依然把選擇看成自己的，由自己來負責。這些選擇正等著我們清醒地參與，如此一來，選擇會塑造我們，我們也塑造選擇。下定決心，好好做選擇吧！

第十七章 必然存在的邪惡

只要探索陰影，深入其中，終究會碰觸邪惡這個概念。

自古以來，大家總覺得邪惡理所當然，是人類處境的一部分，但是到了現代社會，有人開始質疑邪惡這個概念，尤其是道德相對主義，主張沒有絕對的善惡，以致邪惡這個話題逐漸邊緣化。如果要評判一項行為的善惡，當然要考慮背景脈絡，但是如果過度強調脈絡，恐怕無法好好處置大家公認的惡行。邪惡不該是一個簡單的文字定義，否則會過度具象化，而脫離現實脈絡，就好比宗教和民族基本教義派的教義。邪惡也不該是過度絕對的概念，否則就會像上帝之類的名詞，因脫離具體情境，成為乾枯的博物館標本，最終大家都避而不談。

邪惡是極度泯滅人性的信念、意圖或行為，主要特徵是毫無同理心，甚至會因為傷害他人，而感到某種程度的滿足。

邪惡有許多不同的樣貌，不必然就欠缺智慧和理性。但無論是什麼面貌，忽視邪惡絕對會造成可怕的後果。越是想排除、掩蓋或假裝它不存在，它就越會浮現。

從相對的角度看待邪惡（例如某人眼中的恐怖分子，其實是他人眼裡的自由鬥士），可以暫時遠離，不用提起它的名字，不必陷入那些令人困惑的道德困境，強迫思考我們厭惡的行為。把邪惡丟進概念的垃圾桶裡，放在暫時不確定的檔案夾，如此一來，便會有一種「安心感」，遠離那些貼上「邪惡」標籤的現實和恐怖。

邪惡的成分，包括泯滅人性、暴力傾向、把任何行為合理化、毫無同理心，但這些其實在每個人身上都有。此外，幸災樂禍的心情，把自己的快樂建築在別人的痛苦上，這種心情本身並不邪惡，但是我們可能不願意承認自己有這樣的情緒，反正這只要受到妥善控制，並沒有害處。不過，憤怒處理不當，就可能演變成暴力，幸災樂禍也一樣，一旦與極端的攻擊性和厭惡結合，也會淪為邪惡情緒的基石。

我們不該迴避集體邪惡的現實，反而要深入了解它是如何潛移默化，滲透那些毫無警覺的人或小看邪惡的人。想想納粹主義是如何入侵並殖民德國的文化，假借美化與復興德國心理的名義；再想想看，美國的奴隸制為何會盛行，只是因為有經濟需求，以及有「科學」證據表明黑人天生適合當奴隸；還有企業的貪婪如何廣泛蔓延，讓大家覺得司空見慣，這些都在侵蝕我們的心，而我們卻麻木不仁。任由集體邪惡入侵心智，盲目接受它的宣傳，就好像每天無意識地吸收各種文化資訊。邪惡也許難以消化，但是經過足夠的包裝，就會變得可以下嚥；有害的食物加上足夠的人工添加物，我們便會毫不質疑地吞下肚。

否定邪惡的存在，或只是偶爾關注，並不會讓邪惡消失。即使深深埋在陰影中，邪惡的種子還是存在，這比我們想像得更容易滋長。只要有點輕蔑，加上泯滅人性的意圖，然後找一個看似合理的理由，邪惡的幼苗就會開始在心靈花園蔓延，掩蓋原本的美好。

基本上，邪惡是暴力的衝動表現，極度的分離創傷，極度的脫離人性，因而超越理智的界線，做出各種惡行，極度疏離自己所傷害的對象，甚至將這種病態的疏離誇大和合理化（就像極端民族主義）。邪惡看起來可能不瘋狂、不失控，甚至可以極度理性，嚇壞所有的人，卻依然冷漠如常，那是一種不可理喻的瘋狂，正在黑暗中綻放。

不面對自己身上潛在的邪惡，無論邪惡的程度有多大，就只會助長邪惡。我們往往對邪惡視而不見，除非某些人做出極端行為，已經達到社會所公認的邪惡標準，或是一些變態或罪大惡極的人。

邪惡就像是把心臟挖出來，換成一塊冷冰冰的黑色冰塊。邪惡就是人與人之間過於疏離，不把對方當人看待，覺得他們不值得關懷，就像剛剛被踩死的蟑螂一樣無足輕重。邪惡是空洞的靈魂在肆意狂奔，一手揮舞著彎刀，另一手則高舉著譴責的聲明。

如何面對你鄙視與憎恨的人？

第一步就是撇開邪惡的脈絡，無論如何都承認它的存在。感受它，體會那根深柢固的蔑視、合理化的虐待狂、極度冷漠的疏離。然後盡量面對，包括別人和自己的邪惡。深入探索它的根源，追溯自己內心深處的那些邪惡成分，有怎樣的歷程與演變。

回想一個你特別厭惡的人，放大這份厭惡，直到那個人在你眼中不再是人，只是某種像人的形體，正在汙染你、你的親友、你的文化、你的國家。在這種感受停留片刻，近距離觀察。然後一次一口氣，敞開你的心，接納那些令你厭惡的部分，一點一滴帶入你的內心深處。

當你習慣這個練習（可能需要一些時間），試著用同樣的方法，去包容其他你曾經厭惡、鄙視、憎恨的人。賦予他們人性，不斷培養你對他們的同理心，直到有一天，你不再把他們視為異類，取而代之的是更開闊、更多元的我們。屆時無論彼此的差異多大，都不會將他們排除在你的人性圈之外。

深入面對他人的邪惡、集體的邪惡，以及自己潛在的邪惡，你不僅能面對，還能**看穿它**。讓一些同理心滲透進去，緩慢而穩定。這不是在同理惡行，而是要滲透並敲開那顆黑暗之心，就像新生的綠芽突破一大片水泥地，讓裂縫越來越大；有了同理心，就不會以邪惡回應邪惡。

第十八章
挖掘你藏在陰影裡的美好

我們的陰影中，除了不討喜或不光彩的特質外，還有一些最優秀的特質和能力。聽起來有點奇怪，怎麼可能會把優點藏在陰影裡？但是這種事很常見。當我們深入探索陰影，最令人驚喜的發現就是有可能挖到黃金，那是一直藏在陰影，至今毫髮無傷，隨時可以挖掘出來的優秀特質。我們最值得讚美的部分可能藏得太深，以致我們幾乎都忘了，以為只能幻想自己具備，或是以為只有偉人才會具備。

我們從小就開始累積陰影，凡是和生存需求嚴重矛盾的東西，一律丟到這個陰暗的角落，但不見得每樣東西都是「壞的」、「錯的」、反社會的，其中有一些特質甚至是我們最大的優點，例如開闊的心、包容不尋常的事物、真實的本性（我們完整真實的樣貌）。並非每個人都是如此，但這是很多人的經歷。即使社會風氣鼓勵大家展現生命力，綻放出未受汙染的獨特個性，卻同時壓制著我們，讓我們變得更符合社會「文明」

框架。

瑪莉亞害怕在眾人面前唱歌，儘管許多人稱讚她有好歌喉，但她每次上台總會喉嚨緊縮，渾身發抖，甚至發不出聲音。她真正的聲音與真正的力量，都隱藏在陰影裡。我們一起探索陰影，她回憶早年時光，那時父母和老師告誡她，在合唱團表演只要對嘴就好，因為她的聲音太大、太響亮了。這些否定的話，成為她內在批評者的核心訊息。因此，她有一部分的功課就是要全然接納內在小孩，愛護並保護那個孩子，不讓她受到內在批評者欺凌。當她逐漸親近內在小孩，卻不過度認同那個小女孩的經歷時，她的光芒就開始展現，變得更忠於自我、更有力量。她真正的自我回來了，充滿魅力的聲音也完全展現，美麗綻放。

有時候我們最美好的特質、最深厚的天賦，會突然從陰影中浮現，即使沒有受到明顯的觸發，沒有進行任何自我探索，也會不期而至。還記得二十一歲，我正在攻讀酶生化學博士學位，有一天下午，我在大學圖書館進行研究。我對這門科學興趣缺缺，但還是努力鑽研，就像青少年時期，大人逼我放棄藝術，轉而攻讀科學。我突然毫無預警地開始寫詩，一口氣寫了一個多小時。小時候我曾寫過詩，但是後來就沒有再創作。那一刻，我沒有停下來，也沒有質疑自己在做什麼。寫完之後，我回到四人一間的宿舍裡，把每一行熱情洋溢的詩句，興高采烈地念給室友聽。從那時候開始，我就一直寫作，即使沒有人閱讀，也會繼續寫。那個作家的身分再也沒有回到陰影裡。

陰影中值得讚美的部分，如果我們越忽視或排斥，就越容易投射到別人的身上，尤其是看似英雄般的人物，把他們捧上神壇，覺得遙不可及，心存景仰。把那些值得讚美的特質放在別人身上，就不必面對自己也具備的事實，甚至不用因為擁有而負責，例如要努力活出這些特質。

在戀愛初期，我們常常會迷戀對方，把自己最美好的特質都投射到對方身上，那個人看起來多美好呀！充滿活力、富有包容心，真是太迷人了！怎麼可能不愛上這樣的人呢？但我們愛上的真的是對方嗎？其實並不是！我們的情感能量和興奮感之所以會深受對方吸引，不單是對方與我們的內在制約完美契合，令我們心醉神迷，更因為我們把自己埋藏在陰影中的優秀特質，全部都投射到對方身上，以為那些是對方散發出來的東西。浪漫的迷戀或許只是短暫的假象，就像泡沫一樣容易破滅，雖然虛假的親密感並不持久，卻能看清很多真相，比方我們是如何忽視感情中的警訊，我們多麼輕易把自己否定或排斥的部分都投射到他人身上。

挖掘你的美好特質，隱含哪些風險？

從陰影挖掘寶藏的風險，其實不亞於挖掘不討喜的部分。要完全擁有陰影那些高尚的特質，需要承擔一些責任，所以很多人會猶豫，甚至會感到恐懼。比如，一旦覺察自己能夠愛對方的本質，就不會再輕易接受自我本位的愛情，也不會陷入單純的迷戀。

展露自己的力量和天賦，就會承受更高的期待。想像一下，如果你證明自己可以舉起整棟大樓，卻在那邊抱怨搬磚頭有多辛苦，誰還會認真聽你訴苦？當我們打開潘朵拉金色寶盒的蓋子，所有最美好的特質都會公諸於世，如果想要再塞回盒子裡，重新裝盒並封印，那是不可能的事。

對外展示陰影中的黃金，確實有著莫大的價值，更何況掌握這些優秀特質，也會帶來極大的自由，讓我們能做更多的事。但這種自由不是讓我們任意妄為、隨心所欲而已，如何運用這種自由才是最關鍵的。當深刻體會到每多一分自由，會伴隨著更多的責任時，我們就不會輕易享受各種自由，忽略對其他人的影響。

值得注意的是，當我們展露最閃耀的特質時，其他不那麼耀眼的部分就可能會被推入陰影中，尤其是在成長過程裡，有人曾告誡我們要壓抑那些「不重要」的特質時，問題就會特別嚴重。這就如同孩子發光發熱、表現優異時，會得到表揚，但是只要發怒、受傷、耍叛逆，就會受到責備。我們不僅要讓內心的黃金閃耀，也要接納內在的鐵礦和煤炭，甚至那些沾滿泥土的部分也一樣。

試著從陰影挖掘黃金，但是別忘了那些不太耀眼的特質！陰影中的每個角落（一切）都有價值，只要深入探索，你會發現寶石、充滿生命力的驚喜、關鍵的線索，甚至是意想不到的財富。這一切一旦被帶到意識層面，都是在重新找回自己。因此，別只顧著尋找黃金。

第十九章
何時是探索陰影的終點？

在我二十多歲到三十出頭時，有許多重大突破，包括情感、心理和靈性層面。我因為探索自我，感覺有所成長，甚至有點自滿，到了三十五歲左右，就以為自己不用再繼續努力了。

那時候的我確實更願意示弱、更願意面對自己，也更能經營親密關係，但卻沒有看到（或不願看到），距離顛峰還差得很遠，我只是站在基礎上，偶爾會攀到高處。內在探索的過程，確實對健康有益，但頂多是打好基礎，讓我深入探索更多。我從未想過自我探索不是短短幾年就可以完成，而是一場堅持一輩子，不斷進化的冒險歷程。

光是療癒和覺醒還不夠，我們還要警覺內在不想再繼續努力的部分，這些部分總是想放棄、想停止，想假裝自己不用繼續耕耘。我有好多年任由這部分的自己篡奪主導權，把自己尚未癒合的傷痛投射到別人身上。我忽視這些跡象，以為自己達到目標了。這就是所謂探索陰影時可能潛藏的陰影：剛起步，卻自以為抵達終點。

一九八六年，我創立一個實驗型社群，造成問題更加惡化。我想建立一個家，這是我童年所沒有的家，一個不會讓我感到拋棄或壓制的家，而我自己卻沒有察覺。我太在乎社群的完整性，卻忽略成員的需求，也從未質疑自己的決定，於是在無意中傷害別人，卻以為他們的痛苦與我無關，甚至認為這些痛苦是他們成長必經的過程。我的羞恥心深埋在陰影中；也沒有意識到它如何控制著我，以及我如何羞辱他人，對他們造成傷害。我的同理心大多深埋在陰影中，我的自負無限膨脹，終有一天必定會重重摔落。

最終在一九九四年，我因為藥物經歷一次可怕的瀕死經驗，深受打擊，那個社群成為邪教，只好宣告解散，我也失去所有，甚至有一度精神失常，持續好幾個月。我被打回原點，不得不學會承受無法承受的痛苦。我不再那麼麻木；開始感受自己的創傷，感受我曾經愛過、傷害過的人，還有那些我未曾同理過的人。我覺得深深的謙卑，為遲來的羞愧與懊悔感到痛不欲生。

我已經夠破碎了，不可能會再回到從前。後來，這場崩潰成為我人生的大突破。我感受到前所未有的慈悲心，如此深刻的關愛，徹底磨滅我絕大部分的傲慢和優越感。慈悲心、謙卑及感激成為我新的基石，每當我迷失方向，很快就會再回到正軌。我開始深入剖析自己的陰影，理解更多關於羞恥心的真相。我不再認為自我探索會有完結的一天，而是將這件事看成探索和成長的歷程，充滿生命力，一天比一天更深入，一輩子都要投入其中。我領悟到真正的陰影探索，是一場無盡的探索之旅。

長時間探索同一個陰影領域，一般人難免會覺得自己做得夠多了，都已經處理好了。比如說，我們發覺自己每次遭到另一半質疑，總會不由自主開始防衛，多半也願意承認這個問題，於是就以為這個問題已經過關了。這確實是重要的進展，但是如果在這裡停下來，可能會忽視不那麼明顯的防衛，比如表面看似不再防衛，但內心深處仍在持續防衛。另一半可能會察覺到，但是我們會否認，暗中防衛另一半所指控的「隱性防衛」。最終另一半可能會放棄質疑，但雙方的關係卻受到影響，變得更疏遠，信任感也會因此減弱。我們只是學會了一些坦率，卻以為自己做到完全的坦率，伴侶或許感受得到，只是沒有說出口。

另一個停止成長的例子，就是急著寬恕：我們以為原諒了曾經傷害自己的人，但其實只是表面的原諒。這時候潛藏在陰影的，包含輕易原諒帶來的回報，例如內在的滿足或外在的讚譽，也包含受傷當時的情感，但是我們不願承認，也不願表達。比方說，對方傷害我們，我們心懷怨恨，卻不願面對，於是就假裝原諒對方，讓日子繼續過下去，甚至可能會為自己的高尚行為感到自豪。

陰影往往讓我們誤以為，某個領域已經探索夠多了，沒有必要再繼續深入。此外，陰影也可能害怕深入探索，擔心探索失敗會丟人現眼。

重點不在於無止盡的挖掘，過度反省自己的行為和過往，而是要保持開放的態度，不排斥深入探索。既然都已經勇敢踏上陰影探索的旅程，也一直做得很好，休息片刻並沒有問題，但千萬不要誤解休息的意思，這絕對不是終點。

如果忍不住想要退縮、想要停下來，不必感到自責或羞愧，反而要將這份感受納入自己的覺醒旅程，從承認並面對它開始。

深入探索行為背後的意圖

當我們深入探索陰影時，特別要學習辨識陰影中潛藏的意圖。表面上看來，可能只是單純的行為，但實際上可能暗藏其他動機。例如，我們對某人特別親切，並不是因為出於喜歡，而是希望對方和自己站在同一陣線，一起反對自己不贊成的計畫。這種藏在陰影中的意圖，可能不會完全隱蔽，但也不易察覺。

陰影中的脆弱和敏感或許已經解放出來，暗藏的創傷也重見天日，因此我們建立親密關係的能力變好了。但即便如此，我們這種坦率、溫柔的新表現，可能暗藏更深層的意圖。

有時候，我們會刻意展示自己的脆弱和敏感，不僅加強彼此的連結，甚至會操縱對方。例如，利用新發現的能力去誘惑別人，和我們發展性關係，甚至把我們誘惑對方的行為合理化，稱讚對方心胸開放、勇敢冒險。表面上看起來，我們充滿愛意，坦誠「讚美」對方，但內心暗藏的動機依然存在。這時候藏在陰影中的，不只是這個意圖，還有我們對它的依賴，而我們表面上的改變（尤其是示弱），倒是成為隱藏意圖的手段。

意圖這玩意兒很微妙，即使真心幫助別人，心裡可能暗暗期待著：希望這項行為可以向別人證明，自己樂於助人和服務他人，藉此博取他人的認同。在這種情況下，我們不願意承認這種不太光彩的動機，於是就會藏在陰影中。

十八世紀英國詩人亞歷山大・波普（Alexander Pope）曾說：「知識淺薄是危險的。」對陰影的探索也是如此。如果做陰影探索淺嘗則止，只做一點點整合，只化解些許恐懼，就自以為完成陰影探索，達到空前的境界（一種真正成熟的整合狀態）。實際上，只是走到半山腰，許多陰影仍未好好探索。

我們常以為陰影像倉庫一樣，東西散落一地，只要打開燈，所有物品都會一目了然。然而，有些陰影元素特別難以覺察。比較明顯的情緒，例如被否定的憤怒、被壓抑的羞愧，較容易發現，相形之下，意圖和動機就沒有那麼「具體」，因此難以覺察。

此外，有些特質雖然容易察覺，卻不容易看清楚。以坦率為例，這是當今個人成長圈裡最推崇的美德，只要表現出一點點坦率，至少讓別人看見自己的內在運作，和完全不坦率的人相比，就有天壤之別。如果再更坦率一點，可能會散發極大的魅力，但還沒有達到坦蕩蕩的境界。真正坦蕩蕩的境界，內心不會有祕密，但就算有祕密，也可以坦然承認。如果有任何操縱他人的企圖，也能坦誠表達出來，不多做掩飾。毫無陰影，始終如一，扮演自己言行監察者。如同一本攤開的書，至少在面對親密的人，不會再利用坦率的行為，來掩蓋暗藏的動機或意圖。

覺察行為背後的動機

只停留在理智層面，去理解深層的真理，其實很危險。因為這種理解程度會讓人產生錯覺，誤以為自己體驗到真理。這時候潛藏在陰影中的，除了不願承認自己經驗不足外，可能還潛藏著一種渴望，明明不懂卻硬要裝懂，因為可以理解或闡述「深刻的」**理論**，這個境界或許相當誘人。

如果想要擺脫內在制約的掌控，一定要覺察行為背後的動機。我們或許能在某些情況下，談論是什麼在驅策自己，但也可能會利用這種能力來掩蓋更深層的動機。比如說，為人慷慨或很關心別人，自以為想要改變世界、「回饋社會」或服務他人，但其實是想藉此提升自我觀感或者得到認可。

這時候我們要扮演好監察的角色，深入挖掘自己的動機，不要利用別人來滿足私欲。我們要認清自己有這種傾向，不貿然表現出來。

如果把陰影看成衣櫃，這絕對不是小衣櫃，它可以容納我們所有被拋棄、拒絕、邊緣化或否認的部分，也包含某些意圖和動機。當我們進入陰影時，通常會先處理最明顯的部分；那些最突出、最醒目的項目，自然會吸引注意，一開始這樣做並沒有什麼問題。

然而，我們終究要全面探索陰影，就像礦工戴著頭燈，檢查每一個角落和縫隙、每一個隱蔽的架子與儲物間，裡面有太多東西可以觀察，有太多值得去感受，有太多可以照亮。如此深度的探索，陰影不再像衣櫃或儲物間，更像是自己遺失的一塊大陸，在月光的照耀下，慢慢從深海浮現。

如果有某個陰影元素已經探索一段時間，別以為自己已經探索完畢，不要掉以輕心。我的意思不是陰影探索永無結束的一天，而是我們誤以為自己完成了，但其實並非如此。更何況我們永遠無法徹底消除某個陰影元素，只是大家常常會有這樣的幻想，但我們可以改變自己與陰影的關係，直到它不再阻礙我們為止。

許多來找我諮商的人常說，自己在某個領域沒有什麼問題要面對和解決，說自己在那個領域做了太多探索，比方做了數十年的治療、做了無數的靈修，但是至今卻還在做內在探索，不禁開始苛責自己，彷彿這些問題早該解決了。我的第一個反應是，同樣的問題再次浮現，不一定是軟弱或失敗，反而表明現在的你比以前更有餘裕，更適合深入面對。

這時潛藏在陰影中的，往往是赤裸裸的羞恥，還有一種恐懼，深怕永遠都克服不了問題。這種恐懼常常伴隨著一種幻想，奢望問題會徹底消失！因此，除了把幻想揭露出來外，還要深入了解幻想背後的痛苦，因為就是這份痛苦在驅動幻想。如此一來，學會連結問題，探索問題的根源，而不是迴避。雖然問題還是會偶爾浮現，但至少不會宰制人生。最終，和這個問題相關的行為，也都會自然而然消失，不是因為被壓抑了，而是因為失去能量，每個人都有能力去超越內心那些不健康的部分。

真正的陰影探索不可輕率以對，這不是學習或思考片刻就能掌握的事。這是一輩子的承諾，無窮無盡的發現與深度探索，唯有如此，才能和自己各個面向坦然相處，建立親密連結。終有一天，陰影探索不再是功課，而是日常的一部分，會讓我們活得更完整。

第二篇

陰影與共存

第二十章
從日常生活看出陰影徵兆

當我們明白自己和別人一樣都有陰影面，不再將陰影視為缺點，這時候我們能做的事不只是思索陰影，還能和陰影互動。要怎麼開始？該如何著手面對我們的陰影（及各種陰影表現），讓自己活得更豐富、更深刻？

從哪些跡象可以看出陰影正在浮現？

首先，找出陰影浮現的徵兆。剖析自己的行為，尤其是你覺得「不像自己」的行為，當你看到那些行為時，心裡會想著「不知道自己怎麼會這樣」，彷彿你被什麼東西「附身了」。花一點時間思考，你是否有以下徵兆？在什麼情況下最容易出現？

過度反應。不由自主重複相同的行動模式，隨後喪失理智。

當我們受到觸動，接著會對某個人或某件事，做出自以為是、過度或不恰當的反應，這就是過度反應。只要有人按下按鈕，我們就開始任由情緒支配。

過度反應是活化的陰影物質。一旦覺察自己有過度反應，立刻承認，就不會任由過度反應支配。過度反應的瞬間，那些從未解決、從未承認的創傷，尤其是早年留下的創傷，都會從陰影中爆發出來。

投射。投射的意思是，我們覺得別人有某種特質，卻不承認自己具有，尤其是自己特別討厭的特質，因而否認到底。就像冷戰期間，俄羅斯和美國紛紛把最糟糕的特質，互相投射到對方身上，把對方視為惡棍，極端武裝自我。此外，我們也可能將自己身上沒有的，但自己會有情緒反應的東西，投射到他人身上，卻毫無所覺。比如說，你和另一半爭吵，想起小時候對自己百般控制的母親，於是把這種形象投射到伴侶身上，重現你回應母親的方式。

將某種特質投射到他人身上，不代表對方完全沒有這種特質，而是我們看不見自己也有這種特質。這時陰影中潛藏的是我們極力否認的特質，甚至會認為這種特質不可能屬於自己。

值得注意的是，大家很容易誤用投射的概念，比如**任何**讓我們感到不安的事情，都是我們自己的問題，如果這樣想就是誤解投射的觀念。

攻擊性。當我們表現出攻擊性，包括諷刺、敵意、惡意中傷，甚至更嚴重的攻擊，不僅僅是在憤怒，而是進入攻擊狀態。憤怒時仍有可能關心憤怒的對象，但是到了攻擊性的狀態就會完全喪失。我們的心門緊閉，**深陷黑暗之中**。我們要學習妥善表達憤怒，不讓自己變得有攻擊性。但是我們不用熄滅攻擊的火焰，只要帶入一些脆弱，停止將對方視為攻擊目標。換句話說，讓攻擊反應回歸純粹的憤怒，不用責備、羞辱等卑鄙的手段洩憤。

對外的攻擊性，包括鄙視、被動攻擊、暴力，都會造成傷害，但對內的攻擊性也同樣有害，最常見的是任由內在批評者無情地貶低、羞辱自己。無論是對他人或自己，陰影裡總會藏著我們的脆弱和柔軟，以及我們對憤怒對象的過度貶抑，這個對象有可能是別人，也可能是自己。

過度正面思考。過度追求正向的思維，反而會遠離自己的陰影及陰影中潛藏的寶藏。一味保持積極樂觀，看似沒有陰影，彷彿只要保持正面思考，就會過得很好。然而，這種過度的正面態度，會拉開我們和陰影的距離，讓我們無法觸及真實的情感與心理深層，也可能麻痺我們感受他人痛苦的能力。這時候隱藏在陰影裡的，就是那些看似不正向的情緒，尤其是憤怒、恐懼和羞恥。

情感麻木。當我們和自己的情感嚴重脫節時，便無法跟別人建立深厚的關係，看似「安全」，卻遠離和這些情感相關的痛苦（例如小時候曾因為哭泣或生氣，遭到別人排斥）。如果發覺自己情感冷漠、情感脫節或情感麻木，這就是陰影在作怪，壓抑、封鎖了某些情感。大家總以為情感麻木是正常的，甚至誤以為這是健康的狀態，象徵靈性昇華的超然境界。

面對自身的情感麻木，與其忍受或責備，倒不如承認它的存在，然後懷抱慈悲心去找出背後的原因，否則那些斷裂的情感，還有堅持把情感越推越遠的執念，都會繼續藏在陰影中。

將未解決的創傷和未滿足的需求，全部染上性欲的色彩。早年我們對某些情境和人物的強烈情緒，一旦轉移到性愛的情境，就會有這個結果。比方說，曾經遭受父母其中一方的嚴重攻擊，感覺非常害怕，因而壓抑情緒反應，長大後為了釋放這種情緒能量，可能和性伴侶建立不健康的權力動態。這時候陰影會藏著未解決的創傷和未滿足的需求，這些都與內在小孩密不可分，這就是一些和性愛無關，卻會悄悄影響性行為的因素（有關情欲和陰影的內容，參見第十一章，以及我的著作《轉化親密關係》（*Transformation Through Intimacy*）和《成為男人》。）

追求色情。現代文化對色情的包容度過高，但不代表追求它就是健康的行為。因為這容易把未解決的創傷性欲化，透過性行為尋求暫時的解脫，而追求色情正是主因之一。重點不在於贊同或譴責色情，而是要學會**超越它**，才能建立真正健康的親密關係。（如何超越色情，參見我的著作《成為男人》。）

這裡潛藏在陰影中的是，那些**跟性愛無關**，卻會影響我們性行為的因素，尤其是未解決的早年創傷和未滿足的需求，以及仰賴性行為來「化解」痛苦的執念。

泯滅別人的人性。一旦我們泯滅別人的人性，自己內在的人性也會萎縮。這在我們的文化屢見不鮮，比如把別人簡化，看成麻煩、問題、行銷符號、成功的絆腳石等，而如此泯滅人性的行為往往被視為常態。泯滅人性的行為五花八門，包括過度反應、投射、攻擊性、使用色情。

這時候陰影中除了藏著同理心與慈悲心，還有做出這種行為的各種回報，比如和別人保持距離、不受別人影響、自覺高人一等。

對於別人的攻擊性或有害行為，展現過度的包容。如果受到早年的制約，害怕質疑別人的攻擊反應或有害行為（例如擔心會失去安全感和愛，或者遭受懲罰），特別容易陷入過度的容忍。如果將過度容忍視為美德，尤其是靈性層面的美德，情況就會更糟。常用表面的寬容，來掩蓋不敢表態的恐懼。在這裡，陰影中潛藏著憤怒和自尊，以及不敢堅定表態的恐懼根源。

過度取悅或討好的需求。這種需求源自童年時期，當我們真實表現自己時，情況總會變糟；相反地，只要討好他人或符合權威人物的期望，情況就會好轉。想討人喜歡，其實是渴望被接納；如果小時候曾經不被接納（不只是行為，而是整個人），長大後就會特別想要討人喜愛。這背後隱藏的陰影，正是缺乏自我接納，還有長期以來壓抑的憤怒。

自我破壞。這包含各種行為，例如拖延症、自我犧牲、將就，這些行為都在扮演受害者，「拚命」改善情況，但終究還是搞砸了。自我阻礙，表面看來像是遭受不公平的對待，彷彿受制於不可控的外力，但這樣做的好處是逃避責任，不用對自己的行為負責。自我破壞常見的反應，就是陷入內疚和自我懲罰的循環，但這樣下去，只是繼續逃避責任罷了。這時潛藏在陰影中的是內在小孩，以及對內在小孩的忽視，還有我們安於現狀、不想成長的執念。（關於自我破壞的內容，參見第二十四章。）

拒絕道歉。明知自己傷害別人，卻拒絕承認，不願意真心道歉，就會變得很冷漠，甚至和內心切斷連結。即使勉強擠出一句「對不起」，也是為了保護完整的自我，只帶著一點點感情和關心。這裡最明顯的情感正是羞恥，但可能沒有表露出來或承認。

拒絕道歉的背後，是為了遠離自己的羞恥，「保護」自己，也就沒有面對羞恥的必要。因此，這種羞恥容易轉為攻擊反應，對剛剛傷害的人突然變得冷漠，甚至反過來懲罰對方，責怪對方讓自己暫時感到羞恥。這時候陰影中隱藏的是羞恥和脆弱，以及拚命維持情感穩定的執念。

＊＊＊

當我們剖析陰影浮現的徵兆時，記得要懷抱慈悲心，尤其是令人羞愧的陰影，更要溫柔以待。針對每個項目，深入探索隱藏的內容（也就是陰影元素），並且花時間回顧人生中的那些時刻，無論是一小時前剛剛發生的事，還是三十年前的陳年往事。

探索這些徵兆時，一定要具體，不要過度抽象，因此探索的重點會放在身體和情感的層面，盡量連結自己的身體與感受。回顧那些觸發事件（例如別人諷刺你、忽視你，或是別人沒有達到你的標準），允許自己深入感受原始的情感，停留在那些感受中。

確認有哪些感覺和情緒浮現了，但不只是記在腦海裡，還要從身體和情感去體會。比方想著讓你情緒化的事，下頜變得緊繃，就把全部意識集中在下頜。不用逼自己放鬆，反而要感受這種緊繃或壓抑，包括它的強度、質感、密度、形狀和顏色、情緒的基調等。（有關痛苦的特質，參見第二十九章。）

這樣探索自己的陰影，深入發現更多的細節，以及推入陰影的起因，讓探索的過程盡量貼近現實。

舉例來說，鮑伯已經覺察到自己習慣把大量的憤怒藏在陰影中。以前他明明在生氣，卻矢口否認，也沒有露出任何憤怒的跡象。很多時候，甚至覺察不到自己的憤怒，因為感受不到。

不過現在他知道憤怒都藏在陰影中，於是感受到了，對憤怒有更多覺察，即使表達憤怒，也不會有任何壓力。他掃描身體的緊繃狀態，感受自己憤怒的形狀（可能是緊握拳頭）、質地（可能堅硬或粗糙的）、密度（可能非常高）、顏色（可能是紅色或黑色，或紅、黑皆有）、方向性（可能是向前推進的動能）等。他還回顧自己和憤怒的歷程，包括自己與身邊重要人士的憤怒，反思他對憤怒的處置，可能是表達出來或壓抑。他終於學會區分憤怒和攻擊反應，並且持續在陰影裡挖掘更多的憤怒。

不久後，他開始在日常生活中練習承認自己的憤怒，簡單陳述出來，例如「我感到憤怒」、「憤怒來了」、「我很生氣」，或者直接說「憤怒」。這時候的重點不在於表達憤怒，而是從陰影中帶出憤怒，對它展現關愛和好奇。他和憤怒的關係開始改變。如果他能堅持下去，未來就連在盛怒時也會懂得清楚表達，憤怒就不再是受到禁錮的黑暗面，而是真正的盟友。

辨識陰影後，學會與陰影互動

以下是進階練習，但是在此之前，必須先完成三件事：一、學會辨識自己的陰影；二、面對並照亮陰影；三、把陰影連結早年的經歷。

假扮陰影元素，為它發聲並釋放情緒。我們可能早就做過這種事了，**不知不覺幫陰影發聲**和釋放情緒，比方按捺怒氣，卻忍不住發火。但只要是在私底下，找一個合適的環境，我們當然能假扮某個陰影，**刻意**模仿它的語氣，釋放它的情緒。你可能會大吼大叫，怒氣沖天，**但因為是在預設好的情境**，大可放心把模糊的陰影**具體展現出來**。

這種表達最好要戲劇化；這是一場完全投入的表演，雖然有點過火，但你是**有意識的**。目的是**徹底**展露，讓沒有具體形象的陰影，終於有了形象，而且還多了聲音和情感表達。原本模糊不清的陰影，開始變得具體而明確。

布萊德（**跺腳**）：我討厭別人教我怎麼過生活！我知道自己到底要什麼，就算惹人不開心，我也一定會去做！沒有人能阻止我！沒有人！

跟陰影說說話。完成上一個步驟，為陰影表達想法和情感，接下來可以試著**跟**陰影說話，**建立**連結。這是為了拉開自己和陰影的距離，免得把陰影等同於自己。因此表達憤怒時，試著退一步去看待憤怒，選擇和它互動。怒氣的情緒可能還在，但是至少已經成功轉化，變成一個覺察的對象。

這個練習還有進階版，把陰影**擬人化**，效果會更好。假設你正在跟陰影中的憤怒說話，想像對方是那個憤怒的「我」，可能泛指憤怒的自己，或特定年齡的自己（比如第一次壓抑憤怒的年紀）。

布萊德：是，我明白。你非常憤怒，因為大家總是看衰你，那個討厭的高中老師老是盯著你，爸爸也對著你大吼大叫，叫你振作，媽媽一直在嘮叨。

跟陰影聊聊天。跟陰影聊天之前，先完成前兩個練習（**假扮**陰影元素、**跟**陰影說說話）。

跟特定的陰影聊天，最好要準備兩個枕頭（或椅子），相隔一公尺，然後想像自己是其中一個枕頭（或坐在其中一張椅子），而擬人化的陰影就是另一個枕頭（或坐在另一張椅子）。隨意在兩個位置切換，分別代表不同的角色發言，沒有必要排演，也不必克制情感。如果有點放不開，就再誇大一點，盡量做出誇張的動作和情感，切換角色的時候，行動要快，切莫猶豫。

布萊德（枕頭1）：難怪你會這麼生氣，你確實很有理由生氣。

布萊德（枕頭2）：我還是很氣，我氣炸了！似乎沒有人看得到我真正的實力，他們總是把我當成小孩。

布萊德（枕頭1）：真的，他們那種態度真是令人抓狂。

布萊德（枕頭2）：我恨透這種感覺，非常厭倦，累死了。（**熱淚盈眶。**）

布萊德（枕頭1）：真希望我能保護你，讓你擺脫那些煩擾。

布萊德（枕頭2）：我只希望終結這一切，大家都不要來煩我！

布萊德（枕頭1）：哇！我感覺到你了，每當有人在批評我，我的胃就會緊繃。

整合。不要急著和特定的陰影整合，除非前三個練習已經做過好多遍，逐漸習慣陰影的存在，對陰影有一些**親密感**。你不必喜歡它，但是在某一刻，必須懷抱慈悲心，溫柔地接納它，因為它就像受到排擠的小孩，一直渴望你張開雙臂，擁抱它。我所說的**整合**是一種深度包容，經過謹慎的思考。和陰影元素建立親密的關係，不一定要無條件接受它的意圖和表現；而是只要和陰影保持連結，清晰認識它，確保它不會越界。假如每個人都像一個小社群，裡面有許多不同的自我、部分或面向，我們就要在整體與個體的層面，盡量照顧每個部分，清楚覺察並溫柔以待。

＊＊＊

切記，無論陰影裡藏了什麼，終究會深深影響我們的行為，因此探索陰影時，一定要保持這份覺知。

許多讓我們困擾的問題，往往來自備受忽略的陰影。我們可能以為自己受困了，或責怪另一半害我們受苦，這兩種情況或許都是真的，但很多時候是陰影在作祟，讓我們淪為它的傀儡。有了這份領悟，可能會大吃一驚，既讓人謙卑，又瞬間開悟。

好比在親密關係裡，我們經常會過度反應，但如果不再衝動行事，不重演相同的劇碼（例如把自己看成正義或委屈的一方），而是選擇面對這種過度反應，深入觀察，找出它的根源，就有機會透過坦誠和示弱，加深自己與伴侶的關係，公開承認並揭露自己的過度反應。當我們這麼做時，也會揭開過度反應的真正動機。

過度反應時，我們的陰影正在大肆演戲。每當情緒失控，反而是我們親近陰影的大好機會，雖然這個手段並不高明，卻可以把大部分的陰影暴露出來。接下來要做的，就是帶著開放的心態，還有足夠的自省，面對那些暴露出來的陰影。

真正的陰影探索，並沒有那麼簡單明瞭、乾淨俐落，也不會只停留在理智層面，而是一段混亂的過程，和分娩一樣深刻，不可預測，**充滿生命力**。我們終究要全心全意面對自己的**一切**，包括最厭惡的部分。這些汙垢無法迴避，也不該迴避，反而要毫無保留地欣賞、了解它，這就會是成長的養分。

給自己越多空間去探索陰影，收穫就會越大。

第二十一章 陰影探索的基礎

陰影探索是大工程，如果有更多的輔助工具，效果就會更好。以下四個重要習慣會幫助我們探索陰影，分別是活在當下、擁有健康的同理心、安於未知、為陰影元素提供安全的空間。

活在當下

展開陰影探索，要盡量活在當下。意思是讓自己不受干擾，活在此時此刻，活得踏實穩定，用這種態度面對一直隱藏在黑暗中的部分。活在當下時，不會被過去或未來牽絆，也不會受制於內在制約，而是會專注於身體覺察。不忽視、不逃避自己的感受；單純覺察自己的情緒狀態，感知身體瞬息萬變的細微變化。我們會自然而然地從這一刻過渡到下一刻，從這個當下流動到下一個當下，任何行動都順應當下存在的感受。

活在當下的目的，不是為了讓自己感覺良好；事實上，並沒有要追求任何特定的情感狀態。如果我們覺得不太舒服，無法讓自己回到當下，恐怕會錯過那個潛藏在陰影中，對活在當下漠不關心的自我。

看不清背後的制約，就難以活在當下，因為累積太多未解決的創傷，還有自我補償的上癮行為，這些都會占據著當下，而它們的根源仍深埋在陰影中，未曾動搖。

活在當下似乎可以避免受苦，即使身陷困境，也能心平氣和、不執著。但活在當下的目的，不是要追求舒適或斷絕痛苦，而是無論正在經歷什麼，都可以把自己穩穩扎根於當下存在。

對陰影保持覺察，不再藐視陰影的價值，才能深入探索與清理，最終和陰影整合。

如何回到當下，或者更專注於當下？

下列五個練習，可以穩固並深化我們活在當下的能力：

一、**對於此時此刻發生的一切，用心感知並觀察**。對於內在和外在的情況，投入全心全意的關注。每天，無論白天或晚上，都要固定做這個練習。如果發現自己分心了，只要覺察分心的現象，留意分心對自己的吸引力。記錄當下的情緒狀態和思緒流動；隨著下一次呼吸的到來，專心覺察吸氣和吐氣，甚至留意自己的覺察本身。讓自己沉浸在放鬆又專注的狀態。

二、盡量對自己坦白。面對自己內在和外在的真實狀態，無論有多麼不舒服或不光彩，都要試著覺察並**坦然**接受。試試看以下方法，你會覺得更容易一些：停止把痛苦當成敵人或問題；試著與自己的不舒服和抗拒做朋友；不要讓內在批評者掌控自己；停止用各種方式逃避痛苦；不再利用虛假的希望掩飾無助感。在這個過程中，不必評判自己的**表現**，只要全心全意，帶著好奇和勇氣，專注整個過程。

三、不要逃避自己的傷痛。不要試圖抹滅傷痛，也不要把它視為問題、麻煩或異狀，更不要因為有痛苦而輕視自己，而是為傷痛營造一個慈悲的空間，讓它自由呼吸，逐漸找到充滿生命力和療癒力的表達方式。

四、多體會身體的感受，讓自己踏實接地氣。活在當下，不是用「超然」的態度來覺察痛苦和困難，而是與現實同在。**這並非刻意改變的結果**；而是自然而然的狀態，並不特別。當你安於此時此刻，就會有一種回到家的感覺。

五、培養內在的寧靜。每天花一些時間，感受思緒之間的空隙，以及呼氣結束與下次吸氣的停頓，讓這些空隙擴展、展開、敞開，進入寧靜的狀態。將你的繁忙、內心的動盪與混亂，全部帶入這片寧靜中，一點一滴地，不施加任何壓力。真正的寧靜，不必停止動作或思考，只要將注意力**轉向**當下存在，體會當下存在的感覺。不必靜止不動，就可以活在當下。因此，不必追求特定的狀態。無論當下發生什麼事，都要**有意識地**存在。

擁有健康的同理心

對自己的陰影培養同理心，和陰影建立更深厚的連結。同理心是感同身受的能力，能在自己身上體會別人的情感，或是感到某種非常相似的情感。這可能會在不經意發生，也可以刻意醞釀，例如設身處地想像別人的感受。

同理心分成兩種，包括「非自願的同理心」和「自願的同理心」。

非自願的同理心

每當有人語帶哽咽，宣布某個消息，我們忍不住濕了眼眶。對方的悲傷悄悄變成我們的悲傷，即使對方刻意壓抑情緒，我們仍感受得到。這種非自願的同理心，不僅發生在個人身上，也會在集體蔓延，非常有渲染力。

這份非自願同理心，從我們小時候就開始培養了。例如，新生兒聽到另一個新生兒在哭泣，通常很快就會哭成一片。情緒能量可以在我們和別人之間迅速傳遞，帶來強大的衝擊。我們都尚未意識到，就已經被他人的情緒牽動，產生直觀的情感連結，但是這種情感網絡有好有壞。

有壞處嗎？沒錯，非自願的同理心是無意識的，是人類天生就有的能力，但不一定是好事，例如被別人的情緒淹沒，甚至吞噬。若是缺乏自主意識，或者無法建立健康界限（因為這個能力藏在陰影中），就會特別容易有這種問題。

當同理心過度氾濫時，就會失去自主意識和專注力，分不清自己與別人。個人的界限、形象及完整性，都變得模糊不清。個人失去完整性，會嚴重破壞關係的健全。和別人過度親密，會承受別人過多的情感（也就是情感的融合），就無法建立良好的**互動關係**。

自願的同理心

有人邊哭邊說話，我們一開始可能沒有什麼情緒，卻覺得這種情況應該要有情感反應，因此試著設身處地去體會對方的感受。不久後，內心就會有微妙的變化，感受到一股溫暖和柔軟，更貼近對方了。我們和別人相處，沒有必要一直發揮同理心，但能夠隨時進入這種狀態，建立感同深受的連結，其實是一件好事。**選擇**敞開心扉，讓彼此的自然聯繫變得更深刻，卻不會因此放棄或模糊界限。

所謂自願的同理心，有賴認知與情感的配合。比如說，我們對另一半或好友情感麻木，但是對方並沒有做錯事，這時候要求自己別再冷漠了，其實沒用，因此必須先坦承自己缺乏同理心，並努力培養自願的同理心。這種轉換（轉念）的過程，只需要幾秒，便能設身處地體會對方的處境。就算沒有立刻產生同理心，也會朝著同理的方向前進，豐富彼此的關係。

選擇培養同理心，會加強我們與陰影的接觸和互動。例如，起初我們只是隱約感覺陰影中的悲傷，知道它的存在；但是接下來帶著同理心，去連結悲傷，把它想像成受傷的小孩，讓悲傷從陰影中浮現，靠近我們的心。

打開同理心的防護罩

我選擇用**防護罩**這個詞彙，而不是**界限**或**圍牆**，有兩個原因：一、**界限**是籠統的概念，不像防護罩那麼具體；二、**圍牆**讓人聯想到僵硬或厚重的事物。而防護罩不同，可以握在手中、靈活調整、緊緊抓住，按照自己的需求轉換位置；甚至可以從身體向外延伸。

對陰影某個部分產生同理心，但是感覺快要被它吞噬或迷失時，一定要打開同理心的防護罩，**這不是要將陰影元素排除在外，而是要調整我們接納的深度，以及我們受到衝擊的程度**。

面對陰影元素，只要有一些同理心，就會比保持距離的狀態，收集到更多資訊和訊息。這時候防護罩會發揮作用，不管它有多薄、多透明，都會在那裡，讓我們和陰影保持適當距離，看得一清二楚。彼此靠近，卻又不會太近。主動親近陰影元素，但不互相融合。**擴展**自己的界限，納入陰影，而不是拚命忍受它，導致界限崩潰。

當同理心和防護罩合作無間時，整個人會敞開、包容、全神貫注。我們預留一些空間去感受陰影元素（無論是自己的，還是別人的），特別是情感的影響。防護罩的存在，讓我們**保持開放，但不至於過度開放**，這就是最理想的狀態。

安於未知

探索陰影時，無論是心態還是行動，如果可以保持**未知**的狀態，都會很有幫助，讓我們敞開心胸，帶來新的視角，更能接納陰影中的一切。

什麼是未知？首先，這不是無知，也不是茫然不知所措、心不在焉、思想停滯或其他功能障礙；相反地，處於未知的狀態，內心是開放、開闊的，**不受既有的知識束縛**，不固守特定的結構或方向。在這種狀態下，我們深深融入身體之中，踏實穩定，全心全意關注眼前的人和事。未知是一種開放的狀態，沒有任何執著。

未知的狀態，雖然擺脫知識的束縛，但是並未和知識切割。我們就像演奏多種樂器的人，擅長即興演奏，每一刻都發揮深厚的音樂造詣，但旋律都不是刻意創作，而是自然而然流淌出來。我們保持警覺，輕鬆自在，深刻地活在當下。我們的頭腦清晰，心胸寬廣，內心放鬆。我們的觀點常保如新，呼應眼前的事物。

未知提供肥沃的土壤，讓我們好好探索陰影。只要維持這種狀態，人就可以心胸開放、無拘無束、充滿好奇心，掙脫已知的束縛，不急著行動，也不退縮。

培養未知的狀態

未知的狀態，對我們來說挺自然的，沒有那麼陌生（當我們注視嬰兒的眼睛時，不需要言語交流，就可以感受那雙眼散發的光輝），只可惜這種能力容易被慣性認知所掩蓋。體現未知的能力，就會懂得臨機應變，留意我們平時會忽視的細節，讓視野變得廣闊又細膩，頭腦不再占滿策略和日常思維，直覺雷達也會變得很敏銳，卻不會過度高壓或警覺。

探索陰影時，不妨記住以下的提醒，培養和加強自己的未知狀態：

培養穩定的覺察力。刻意體會當下（包括當下的內在、外在及人際互動），無論發生什麼事，都可以清楚命名與記錄，和它保持適當的距離，又不會完全脫離。

與當下的經歷互動。主動連結當下的經歷，但不會認同它、融合它，也不會逃避它。

帶著同理心活在當下。別忘了打開防護罩，要是沒有防護罩，很容易被自己當下的經歷所吞噬。

保持健康的距離。保持距離，但是不疏遠；分離，但是不斷裂；不在同一處，但是沒有脫節。

激發好奇心。充滿好奇心，才會有興趣探索，就像小孩不知道石頭底下藏了什麼，會一直想要掀開來看。有好奇心的人不會被過去的知識框住，而是會專心探索當下。

盡量親近未知。不再拚命解答大哉問，而是感受問題背後的根源，接納比答案更真實的東西。絕對的奧祕始終在召喚我們；而我們無法解開或解釋它，但是至少可以向它敞開心扉，深化和它的交流。頭腦追求合理的解釋，心靈卻會停駐在頓悟之境。

安於未知的狀態，自我意識會變得很透明，讓我們體驗存在的本質，即便我們仍是分別的個體，有各自的特質，甚至包括那些藏在陰影中的部分。但是這種特別的個體性，讓我們一直**有意識地**堅守本質，回歸真正的根基。

知識並非智慧，但如果可以親近未知，知識就會成為智慧的推手。

為陰影元素提供安全的空間

為他人「提供安全的空間」，意思是好好陪伴對方，不隨便評斷，任由對方做自己的事，不隨便干涉或指導。這樣的角色有支持的效果，但又保持中立；這種注意力既開闊又專注，暫時放下疑慮，不偏袒任何一方。

想像一下，有一位摯友即將離世，不需要你任何建議，只要你陪在身邊，默默陪伴，傳遞踏實有愛的連結，這完美呈現什麼是提供安全的空間。

同樣地，想像你習慣排斥的陰影元素，例如仇恨或貪婪，現在換個心態，當成你在陪伴垂死的摯友，為這個特質提供安全的空間。你不再把仇恨或貪婪隱藏在暗處，而是有意識地接納或接待。

比方說，心中升起憤怒，又有一些念頭在旁邊助長怒火，隨即義憤填膺。這時候如果為憤怒提供安全的空間，讓自己和衝動保持一點距離，短短一、兩秒的時間，想想看除了生氣以外，還有沒有其他的選擇。我們或許仍會發怒，但是與沒有提供空間的情況相比，更有機會巧妙表達怒氣。

提供安全空間能力的幾個階段

提供安全空間的能力，其實會隨著時間成長，分成四個階段。當我們刻意為陰影元素提供空間時，不妨順著這四個階段，一步步前進：

一、**被動的見證**。這是第一個階段，不會和特定的陰影元素互動，也沒有強烈的情感共鳴，只是默默見證。我們拓展自己的邊界，至少接納一部分的陰影元素，但仍不受它影響。我們就像友善中立的主人，經營一家心靈客棧；我們和陰影之間仍繼續保持距離，卻不會過度疏離，正默默見證一切。

二、**連結的見證**。在這個階段，我們依然不會和特定的陰影元素互動，但是開始有了情感反應，並且找到一些連結。不過度沉溺在陰影的世界裡，卻不抗拒和它相遇之後，自己可能會有所改變。此外，持續活在當下，見證正在發生的一切。

三、**親密的見證**。在這個階段，即將展開互動，逐漸熟悉陰影元素的情感與心理層面。和這些元素非常靠近（關係非常近），但同時保持適當的距離，以便清楚觀察。我們不僅提供空間，也身處那個空間，因此我們不是從外面看，而是**置身其中**。

四、**親密的見證，外加實際行動**。在這個階段，我們可以和特定的陰影元素互動，卻不會影響我們對它的親密見證，因為我們的行動是自然流露，完全順應當前的情境。

這時候不追求任何目標；也不規定自己該怎麼做。有時候我們的行動意圖只停留在意念，但有時會化為實際行動。**這不是干預，而是呼應深層的共鳴，採取對生命有意義的行動**。

＊＊＊

琳達感覺有一種難以言喻的焦慮，決定按照上述四個階段，為焦慮提供安全的空間。首先，從**被動的見證**開始，她和焦慮保持距離，單純覺察就好；刻意接納它的存在。當她這麼做時，發現恐懼的感受減弱一些。她知道如果不保持警覺，恐懼感可能會淹沒自己，所以盡力穩定情緒，保持平靜。

接著，琳達從被動的見證轉向**連結的見證**。此時，她不僅刻意接納焦慮，還允許自己直接體會，焦慮變得更生動真實。她持續觀察，逐漸拉近距離。她看得越來越清楚，原來這份恐懼和童年的恐懼有關。隨著她靠近這股焦慮，就會看得越清楚。

然後，她從連結的見證進入**親密的見證**。琳達保持覺察的同時，允許自己更貼近焦慮感。這會激發她的好奇心，雖然還是會恐懼，但是至少不那麼壓抑。她對恐懼更加理解了，在她的覺察之下，恐懼越來越具體。

最後，琳達讓**親密的見證**，**外加實際行動並存**。她開始深呼吸，回憶小時候不得不壓抑憤怒和激烈的情感，每當她壓抑情緒，就會收緊腹部，呼吸短淺；因為當時她擔心如果不這麼壓抑自己，就會發生可怕的事（例如父親酒醉後發飆，總會嚇壞她）。現在她加深呼吸，想像自己抱起那個嚇壞的小女孩，有一股強烈的保護欲湧上心頭。她繼續一邊見證自己的恐懼感，一邊握緊拳頭、跺腳、放開喉嚨，激烈說出當時不敢說的話。如今她轉化最初的焦慮，變成療癒過的憤怒和興奮，隨之而來是真正的平靜。

為陰影提供安全空間，可能會隱含哪些陰暗面？

為陰影提供安全空間，還是有疑慮的。例如，我們「活在當下了」，卻因為過度抽離，無法建立足夠的連結，因而疏離他人或自己的陰影。因此，為陰影提供安全空間時，仍會潛藏下列幾個陰暗面：

混淆被動與開放。如果我們發現，為陰影提供空間會比直接面對它更舒服，恐怕就會陷入被動的狀態，一直停留在提供安全空間的模式，**但這背後其實是為了避免投入情感**。表面上看似開放、包容，但實際上並非如此。我們太在乎自身的完整性，以致和陰影元素過度疏離，超過必要的距離。

過度的抽離。如果我們和別人或陰影元素之間太疏離，就算有任何互動，效果也很有限。這種過度或誇張的抽離，常常偽裝成超然，誤認為是高深的靈修境界。其實背後的動機是害怕受傷，想要維持自我的完整性，因此選擇和眼前的事物保持「安全」距離。

無法與強烈的情緒共處。如果我們害怕面對強烈的情緒（例如公開表達傷痛），那麼所謂提供安全的空間就不是真正的開放，而是一種隔絕，變成我們逃避的屏障。這時候我們要學會敞開心扉，接納自己的情緒，學習用一些技巧讓自己充分表達和接納，不再隨便把情緒困在陰影裡，也不拚命與情緒保持「安全」距離。切記，情緒本身並不負面，但是只要**處置**錯誤，就會有負面影響。

太想掌控全局。如果太想掌控一切（尤其是探索陰影時，忍不住想要掌控赤裸裸的情感），就會大幅壓縮我們所創造的安全空間，破壞原有的安全感。

該採取行動，卻不願行動。有時光是提供安全的空間並不夠（例如面對陰影中的情緒，不由自主會變得極度焦躁，卻刻意與情緒保持距離，情況反而會惡化）。面對這種情況，我們可能會選擇維持現狀，置身事外；也可能認為不介入比較好，但不作為其實比採取行動更有害。比如說，陰影中潛藏童年的痛苦，我們為痛苦提供安全的空間，卻阻止自己去體會痛苦，這就是在麻痺自己。相反地，我們要逐漸靠近它，讓自己真實感受，體會當初內在小孩經歷的痛苦。

為陰影提供安全的空間，到了更深的層次，不僅要靈活回應當下的情況，還要積極參與，加深彼此的互動。這樣提供的空間，讓我們堅定面對一切，任何行動都是從內心平靜出發，同時展現慈悲的力量。

誤以為提供空間就是抽離。真正為陰影元素提供空間，必須和陰影有互動，而不是站在柵欄外觀望。

誤以為不評斷就是完全沒有評斷。提供空間不代表完全沒有評斷，因為評斷是人之常情，無論好評或負評，都是思維運作的一部分。重要的是，提供真正安全的空間，不讓這些評斷成為阻礙。有時候全然活在當下，頭腦會非常寧靜，一段時間內都沒有冒出任何思緒；但是有時思緒會不斷湧現，其中包括對陰影元素的評斷。這沒關係，你只要為這些思緒提供安全的空間，不必過度在意，就能平靜面對。

混淆無我與脫節。我們為陰影元素提供空間時，自我意識偶爾會浮現，變成覺察的對象，占據一部分的注意力，在這種狀態提供空間，可能會非常有效，但前提是能夠繼續和陰影保持連結，包括情感的連結。不過，有些人可能會選擇斬斷自我意識，以為這是更高的修為，彷彿超越自我，超越了「我」。但這種不成熟的「超越」，表面看似無我，卻是和自己斷開連結，與人性脫節。

＊＊＊

提供空間的過程可以完全被動，也可以自主應變，靈活採取適當的行動。無論如何，這都是一種關懷的表現。我們專心提供空間，讓每一個動作都融合健康的抽離和慈悲。

我們為陰影元素提供空間，逐漸建立連結，不是要認同特定的陰影元素，而是要親近所有的陰影元素。我們不會站在遠處遙控；因此，要學習放下遙控的渴望，真誠地靠近陰影中的一切，順著我們內心的關愛、好奇心及直覺力。我們的視線會變得寬廣又精準，聚焦於最具體的細節。沒有任何事物被排除在外。我們不僅為陰影提供空間，還會置身其中，刻意連結所有的陰影，為所有的面向創造餘裕。

第二十二章 探索內在小孩

探索陰影和探索內在小孩，有許多共通之處。事實上，當我們面對塵封的模式與印記時，大多會經歷類似的過程。

內在小孩以擬人化的形象，呈現兩個密不可分的因子：一、童年純真美好的天性；二、童年時期形成的制約。那些尚未解決或隱藏的制約，都是陰影的一部分，因此當我們探索內在小孩時，無論探索有多深，必定會碰觸到陰影元素。同樣地，陰影探索也必須面對內在小孩；畢竟有很多制約都是在童年植入的。此外，內在小孩也可能藏在陰影中。

內在小孩

自從一九七〇年代，各種探索內在小孩的方法蔚為主流後，內在小孩的概念一直受到歡迎。雖然批評聲浪不絕於耳（例如把當下的困境都怪到父母頭上），但是依然廣為流行。這些方法五花八門，有的是簡單建議大家「無條件去愛內在小孩」；有的方法更細膩一點，認為內在小孩不過是表象，因此要深入探索背後的制約，好好轉化自己。

什麼是內在小孩？首先，內在小孩不是有形的存在，也不是內在靈魂，而是一種內在歷程，把一段充滿回憶的歷程擬人化，我們可能會對它感同身受，當作真實的孩子看待。雖然內在小孩只是我們內心的歷程，卻完全無損真實性及那種孩童般的特質。

說到內在小孩的特質，有純真、玩心、好奇、驚奇、直覺認知能力、極度開放、脆弱和易受影響，但**絕非**只有愛、光明與甜美。由於內在小孩毫無防備地敞開自己，不僅會接收好東西，也會接收壞東西。它幾乎沒有自保的能力，無力過濾外來的影響，就像我們小時候一樣。因此，內在小孩不僅展現純真的本質，**也**反映童年形成的制約。

兒童文學以童話故事為主，童話故事充斥著黑暗或恐怖的元素，主題不外乎是拋棄、排擠和危險。童年不必然都是這樣，但是有許多的童年確實如此，而童年深植人心的制約，會一路尾隨我們進入成年，玷汙成人生活。此外，就連看似最幸福的童年，也無法擺脫制約。

內在小孩既純真無瑕，又被染上汙點。所謂的純真，是與生俱來的無辜和開放，汙點是反映童年的創傷和恐懼，早已在身上留下烙印。換句話說，內在小孩既未受到制約，又受到制約。

此外，**內在小孩有很大一部分，可能藏在陰影中**。

許多人說要擁抱內在小孩，但是要做到這一點，必須熟悉童年發生的一切，裡面有積極正面，就有消極負面；有光明，就有黑暗；有純真自然的一面，就有扭曲受傷的一面。排斥或否定內在小孩（這是許多人的傾向，把內在小孩視為軟弱、依賴或令人尷尬的存在），只會讓我們遠離未解決的創傷和未滿足的需求，讓制約繼續存在。我們可能自認為已經擺脫制約，但是制約仍在背後操縱著我們。和內在小孩接觸，真切感受它（**深入體會、感同身受、與它同在**），會更貼近童年的自己，也會更清楚童年植入的制約。

內在小孩存在每個人的心中。無論我們是認同它、否認它、溺愛它、責備它、虐待它，還是把它當成抽象的概念，它都不會消失。不管我們多麼努力把它推入陰影深處，它始終是我們割捨不了的一部分。不理解內在小孩，我們就會四分五裂、情感貧乏，體會不到深層的脆弱和敞開。而那些最初留下的創傷，會繼續停留在陰影中，悄悄操控我們的人生。

內在小孩現身的徵兆

幼稚的行為（例如發脾氣和自我中心的表現），正是內在小孩現身的徵兆。其他徵兆如下：

過度反應。每當過度反應（例如陷入本能反應、情緒過度高漲），受傷的內在小孩就會站在舞台中央，經由我們的言語、動作、意圖及人際互動表現出來。我們彷彿進入無意識的自動慣性模式，就算知道自己過度反應，仍會極力否認。**源自童年**的強烈情緒能量，或者放大的激動狀態，如果不加以控制，很容易壓過我們理智行動的能力。

要打斷過度反應，最快的方法就是承認內在小孩現身了，讓我們跳脫內在小孩的視角，從其他角度看問題。當我們發覺內在小孩的創傷被觸動時，試著運用成人的辯論與合理化能力，好好為自己辯解，就可以平息過度反應。

僵住反應。每當感受到危險，缺乏安全感，就會立刻進入戰鬥、逃跑或僵住的狀態。但如果小孩逃不了、戰鬥不了，通常會退縮到僵住模式，在這種情況下可能會經歷各種程度的癱瘓，例如原地不動、與現實脫節。恐懼的感受還在，但是麻木的感受更強烈。因為緊張、對峙或強烈的情緒，而陷入僵住狀態，通常隱含兩個意思：一、內在小孩被喚醒了；二、不自覺陷入慣性行為模式，重演童年時感到恐懼或崩潰的反應。

強烈感覺被遺棄或被拒絕。被人遺棄的感受，可能從很小就開始了。想像一下斯波克博士（Dr. Spock）的育兒觀，會任由嬰兒一直哭到深夜，以為這樣能讓小孩變堅強，但事實上這種刻意忽視的行為，反而會破壞小孩內心的信任感。如果長大以後，沒有真的被遺棄或被拒絕，卻陷入這種情緒，代表我們正透過內在小孩的眼睛看世界。

深感人生的無助。情況沒有**那麼**糟，卻舉起雙手投降，陷入一切都沒意義的沮喪情緒。我們還是嬰幼兒的時候，經常面臨不愉快的情境，卻無法說逃就逃，這時唯一的解決辦法，就是壓抑自己的生命跡象，這並不是我們自主選擇的反應，而是自然而然採取的生存策略。不戰鬥，也不逃跑或僵住，而是**直接崩潰**。

魔法思維。魔法思維這種認知模式，比理性思考更早出現，我們以為自己在影響（或可以影響）**結果**，但其實這些事情不是自己可以控制的。很小的時候，魔法思維再正常不過了（例如四歲的孩子會以為，他們走到哪裡，太陽就跟到哪裡），但長大以後，也會有形形色色的魔法思維。

陷入魔法思維，會退回很小的時候，有時候這是一件好事，可能帶來藝術創作的激情；但有時候是壞事，以為只要改變思維方式，就能改變現實，這種人會陷入自我中心的靈性

（egocentric spirituality），彷彿生活在貧瘠的土地上，挨餓的母親只要複述正向肯定句，就會變得更富足。

極度崩潰或沮喪時，魔法思維也可能浮現；例如親近的人突然離世，我們可能會幻想，只要做某些事，這個人就可以回到身邊。懷抱著魔法思維，如果面對無法掌控的事物，會以為自己掌控得了。想一想小孩為什麼會喜愛童話故事，因為在童話故事裡，原本遭到拒絕或忽視的孩子，往往會獲得徹底改變世界的力量。魔法思維本身沒有錯，但是必須留意，不要任由它主導我們的行為。

突如其來的暴怒或過度防備。這種反應很普遍，同樣普遍的是，我們會認為自己控制不了。突如其來的暴怒或過度防備，可能源自羞恥或被人羞辱的感覺，或是因為童年創傷中無法表達的情感浮出水面。這時候會看不清真相；彷彿內在小孩拿到強大的武器，懂得如何使用它。

自我中心的行為。對小孩來說，自我中心再自然不過了；這是成長的必經過程，甚至可能和利他行為共存。這個原理很簡單，幾乎每個人都知道背後的邏輯。問題在於長大後，繼續做出這種行為，任由它占據內心的核心位置，這樣就麻煩了。想像那些位居高位的領導人，肩負重責大任，卻依然帶著「城堡之王」的心態，後果會有多嚴重！若是陷入自我中心的心態，看待任何事或任何人，都會希望一切圍繞著自己旋轉，或者強迫一切順應自己的需求，這就是延續童年的自我中心，再加上些許的自戀。

隨心所欲、無聲的驚嘆、純粹的喜悅。即使不回到童年，我們也能自然進入這些狀態。但它們浮現時，正是內在小孩依然活著，並且閃耀光芒的證明。我們恣意玩耍，彷彿無人看管或監視。如果有一天，內在小孩的純真可以遇上成熟覺醒的天真，我們就會真正和自己連結，回歸完整的自我。

如何探索內在小孩？

第一步：認識你的內在小孩。承認它的存在，正視你對它的感受，無論你對它的感受是複雜、排斥，還是沒有任何感覺，都要好好面對。

許多人不願靠近內在小孩，深怕喚起童年的痛苦經歷。一開始，可能會覺得自己和內在小孩毫無連結。這時候需要勇敢踏出關鍵的一步，確認內在小孩的哪個部分，讓我們感到不安或排斥。

假如你的內在小孩非常依賴，令你感到討厭或尷尬，不妨試著回顧過往，找出這種依賴的源頭（例如小時候父母曾經忽視你，沒有充分滿足你的需求）。帶著這份理解和感受，可能會激發足夠的慈悲心，讓你全面接納內在小孩。

你對內在小孩的討厭，很可能源自小時候身邊重要的人，包括父母、兄弟姊妹、同儕、老師，他們曾經討厭你的某些特質。當你明白這種討厭的心情**不是源於你，而是源自他人**，而這些經歷還塑造你的內在批評者時，你便會重新看待自己對內在小孩的厭惡，換一個方式對待它，就像面對受到羞辱或傷害的孩子。

第二步：培養對內在小孩的同理心。試著在心中想像其他的小孩，例如你自己的孩子、朋友的孩子或孫子，任何讓你感到親切的孩子，想像他正在經歷莫大的難關，要盡量對那個孩子表達關愛與憐憫，讓這些感受充滿整個內心。等到你確定自己有這種感受，**隨即**轉移這份注意力和感受，灌注在小時候的自己，以及至今仍存在你心中的內在小孩，陪伴著那道小小的身影，給它關愛與保護。反覆做這個練習，有助於拉近你和內在小孩的距離，貼近它的真實感受，你不再需要逃避它的痛苦，因為那也是你的痛苦，而是懷抱慈悲心，一步步靠近它。

這是在回溯，但不僅僅是回溯。你回到過去，尤其是過往的情感，並且你也把當下的自己

（這個有意識的成年自我），帶回過往的感受和關鍵的記憶中。你像慈愛的父母般，體會內在小孩的感受（包括已經表達或未曾表達的），卻不被這些感受淹沒。你達到清明同理的狀態，你的情感與內在小孩共鳴，**卻不會混淆**自己和那個孩子。有了這種同理心，你可以感受自己的內在小孩，還可以好好照顧它。

第三步：承諾會好好照顧內在小孩。每天都想起內在小孩，保持**情感的連結**。就像你在駕駛座專心開車，保證行車順利，而內在小孩安心待在後座，感受你可靠的關愛和陪伴，完全不用擔心車子是否偏離車道，也不用在意你的心情如何，只要當一個孩子，接受愛和保護，在身心俱在的父母面前，輕鬆玩耍。

越容易進入這種狀態，活出這種境界，就越能面對並探索童年的制約，達到更深層有效的成果。我們自己就是一個安全的空間，適合揭露與探索原始的創傷、深層印記、慣性行為和核心思維模式，直到有一天，這一切不再驅動我們的行為為止。

這時候我們才會明白，內在小孩從來不是問題；真正重要的是，我們如何和內在小孩建立深層連結，並且長期維持。內在小孩是我們內心純真而脆弱的部分，懷抱著無限的開放與好奇，如果我們能貼近那個小小的身影，就能擁抱自我的創傷和童年的制約，與內在小孩一起前行，在這個過程中療癒和覺醒。

第四步：繼續愛護內在小孩。當我們清楚看見內在小孩，了解內在運作，對它就會更有同理心，把內在小孩完全擁入心中，自然而然產生保護欲，尤其是在小時候渴望被保護，卻得不到保護的內在小孩。給內在小孩足夠的空間，而非過度的認同或融合，我們自己就會越來越穩定，營造出一個適合深層探索的環境，成為真正完整的人。

說到保護內在小孩，我們要扮演守護者，而非看守者。許多人都落入過度保護的陷阱，把自己的某些困擾放大（例如感覺被冒犯，其實並無大礙）。內在小孩不需要關在堡壘裡，但只要我們不自覺和內在小孩融合（例如過度反應的情況），就會傾向過度保護，並且合理化這種行為。

探索內在小孩的日常練習

做下列兩項練習，可以幫助你掌握上述四種探索內在小孩的方法。最好要每天認真練習，等到你習慣成自然，就不必那麼頻繁。

練習

連結內在小孩

每天清晨和睡前，讓自己舒服地躺著或坐著，和內在小孩調頻，接觸內心非常年幼、脆弱、敏感的部分，盡可能投注關愛與注意力。感受內在小孩所在的身體部位，然後將手放在那裡；如果感受不到，就一手放在心臟，另一手放在腹部，輕鬆呼吸就好，腹部保持柔軟。在這個過程中，注意力要放在你的手上。

過了幾分鐘，試著讓內在小孩知道，雖然它曾經以為，「自己不值得被（**填入符合你童年的字**）」，但你會無條件愛著它、接納它、支持它」，用你自己的話表達出來，「不值得被……」的後面，可以填上「愛」、「保護」或「關注」之類的，挑選最符合你感受的字詞，和你最有共鳴的表達。想像你說這段話時，正緊緊抱著內在小孩，至少說三到四遍，語氣輕柔，用心感受每一個字。你可以繼續把手放在身上，也可以抱一個小枕頭，就像抱著一個年幼的孩子。

練習

「我看見你了」

白天的時候或夜半醒來，每當你感受到內在小孩（可能以恐懼、緊繃、麻木、昏沉、迷惘、沉默等形式出現），就對自己說：「我看見你了。」可以在心裡默念，也可以輕聲說出來，但無論如何都要說出來。你是在承認內在小孩的存在，開始和那個孩子建立關係。如果是在以前，你可能會把內在小孩的恐懼當作自己的，或者和內在小孩的感受隔絕，如今你開始接觸對方。

當你說：「我看見你了。」一次或兩次都可以，然後做幾次深呼吸，慢慢把氣吐光，對自己說：「肚子保持柔軟。」讓腹部放鬆，整個人會變得更開闊。這時候你會感覺自己不再是那個內在小孩，而是有愛心的父母，承諾要愛護自己的孩子。手放在你感覺到內在小孩出現的位置，並且說：「我看見你了。我理解你為何有這種感覺，我會支持你、照顧你，也會處理好當下的情況。」你可以改成其他類似的句子，讓你感覺自己在理解、愛護與照顧內在小孩。

做這項練習，不是在逃避或忽視內在小孩的痛苦或不安，也不會因為內在小孩的感受或行為而羞愧。你也不會說「沒事，一切會好起來」這種話，直接否認小孩的痛苦或不安，因為內在小孩不會相信這種話，也無法完全信任你。因此，你只是讓自己處於愛的狀態，把這種愛迴向給內在小孩，張開充滿愛和保護的雙臂，將它擁入懷中，重新建立連接。

無論我們對內在小孩做了什麼，它都不會消失，也不該消失。內在小孩不會阻礙我們成長，愛護這部分的自己（內在小孩不是抽象的概念，而是真實的存在），好好照顧它，可以讓我們連結人性的本質。這非常重要，讓我們聰明管理內在的每一個部分，和自己所有的特質主動連結，而不是脫節。

與內在小孩建立真摯的關係，是獻給自己最珍貴的禮物，讓我們更有能力建立真正健康的關係。我們無法擺脫內在小孩，但是可以擺脫彼此不健康的互動方式。與內在小孩保持親密，對自己和其他人來說都是一份禮物。

第二十三章 推翻內在批評者

幼兒非常脆弱，容易受影響，就像海綿一樣吸收周圍的衝擊，包括健康或不健康的衝擊，都會以各種方式和形式，在內心吸收並加以儲存，而我們內在小孩難免會反映這些衝擊。冷酷無情的羞辱，很快就變成內在批判者的聲音，不斷欺負內在小孩，這種霸凌可能會無聲無息，甚至一直持續到成年。

內在批評者的聲音，我們也能隱約感受到，但是根源往往深埋在陰影。如果我們和內在小孩融為一體，就會不假思索地相信內在批評者說的話，甚至沒有發覺自己內在有這麼一個批評者。陰影探索成功的關鍵，在於覺察內在批評者，洞悉其來源與運作機制。

同樣重要的是，對於缺乏自信的部分，至少要帶著一點慈悲心，例如探索陰影時可能會揭露的隱藏面向。為了展現更全然的自我接納，我們要面對內在批評者，打破它對我們的控制。

別讓內在批評者侵略自我

內在批評者是對自我冷酷的羞辱和霸凌，無論它的批評聽起來多麼「成熟」或理性，尤其是聽在內在小孩的耳裡，但都不是真的為我們好。

我們可能以為內在批評者是存在的實體或內在的靈魂，但其實是一種內在活動和思維模式，趁我們脆弱時爆發出來，接二連三用各種**應該**來釘住或轟炸我們，釋放負面的自我評價，破壞我們的自我價值。

羞愧是內在批評者的核心情感。健康的羞愧會激發良心，或者直接從良心出發；但不健康的羞愧，稱為有害的羞愧，則會由內在批評者觸發。許多人的內在批評者，都會偽裝成良心。

無論內在批評者的聲音再怎麼柔和，都是侵略行為。第六章就提到，一旦對憤怒的對象喪失慈悲心，單純只有攻擊，憤怒就會轉化為侵略，內在批評者也是如此。

內在批評者與內在小孩的關係

如果看不清內在批評者的本質，我們在它面前就會退化到孩子般的狀態。無論年紀多大，也無論外表多成熟，每個人的心中都有內在小孩。一旦我們和內在小孩融合為一，或是錯把自己等同於內在小孩，內在批評者就會占上風，用對待孩子（或無能者）的語氣，對我們說話。然而，內在批評者並不是本來就占上風。是**我們自己**賦予它力量和**權威**，讓它有資格羞辱我們，只要我們未達標準，它就會貶低我們。

我們經常帶著內在批評者的眼光，來看待內在小孩。比如，看到內在小孩的害羞、笨拙、受傷或功能失調，可能會覺得丟臉，甚至是厭惡，或許心想：「我不該這樣啊！都這麼大的人了，花這麼多的力氣自我成長，怎麼還會退化成這樣？」但是這種思維只會給內在批評者提供更多燃料，讓它理直氣壯地說：「瞧瞧你！又失敗了，真弱，又來了，真可悲。」這一連串令人熟悉的言語，一再貶低自我，證明自己不夠好。

內在批評者的語氣，總是如此肯定和權威，讓我們誤以為這值得信賴，就像睿智的父母，甚至是為我們著想的人。然而，這種聲音的主要特徵就是毫無慈悲心。當我們開始挑戰內在批評者，在它的面前，不再退縮成小孩的模樣，我們就會學到寶貴的教訓：內心那些缺乏溫暖和愛的聲音，根本沒有必要放在心上。

承認並觀察內在批評者，和它**拉開**距離，同時與內在小孩**拉近**距離，這會激發我們對內在小孩的保護欲，愛護這個小小的自己，給予安全感。內在批評者和內在小孩的互動關係，無非是以羞愧為主題，重演霸凌者與被霸凌者的戲碼，只要有這種覺悟，療癒便會開始。這時候，內在批評者會退到心裡最後排的觀眾席，甚至遠到幾乎聽不見它的聲音。我們不再注意聽它說話，而是會採取關鍵的步驟，阻擋在內在批評者和內在小孩**之間**，劃清兩者之間的界線。

不讓內在批評者掌控我們

我們可能心想，如果能擺脫內在批評者該有多好，但卻不可能消滅它，就像我們不可能消滅愛評斷的心。我們**能做的**就是改變我們**和**內在批評者的關係。當我們調整關係，將內在批評者的根源從陰影中帶出來，不再像無助的孩子一樣回應它，內在批評者就無法再掌控我們，最終會化為零星的小雜音。

把內在批評者看成內心的蚊子，當我們不再把力量交給它時，它便會縮成蚊子般大小，在我們的心智邊緣嗡嗡作響，幾乎聽不見聲音，根本不會干擾到我們，也無法羞辱我們，頂多只是有一點煩人。

每當內在批評者出現時，最好立刻看見它，對自己說「內在批評者又來了」或「我的內在批評者出現了」，盡量簡單明瞭。如果你為內在批評者取了綽號，效果會更好（例如「法官」或「審判者」）。說這個綽號時，盡可能大聲一點，就像看到入侵者或不速之客。

練習

以下是一個循序漸進的練習，以後你再發現自己困在「頭腦指揮部」，內在批評者正在耳邊低語或大吼大叫時，就會懂得立即切換狀態，讓自己更主動。

一、為內在批評者命名：「＿＿＿＿來了。」然後重複這句話，大聲說。

二、立刻轉移注意力，原本你正在注意聽內在批評者的話語，現在開始覺察身體的感覺。把注意力從認知轉移到感官，就會遠離內在批評者的言論，這會讓你有更多的餘裕，觀察內在批評者的實際能量和感受，而不是它所傳達的內容與訊息。

三、將全部的注意力集中在胸腔，深深地吸氣，但腹部保持柔軟。至少做十次，每次吸吐就算一次，如果忘記自己數到哪裡，就重頭開始。如果做了十次呼吸，還是會感覺煩躁，就再繼續做十次。

四、現在來覺察內在小孩，感受並體會那個孩子的存在，也可以試著想像它的形體，讓這種連結更逼真。

五、把內在小孩吸入心中，不僅為內在小孩打造一個空間，還要全心全意陪在它身邊。專心做這件事，不要隨便聽信自己的念頭，例如：「蠢斃了，不該做這種事。」你只要執行這個步驟，就會有軟化和開放的感覺，包括你的心、肩膀、臉及全身，都會變得柔軟、放鬆、安定。

六、感覺自己阻擋在內在批評者和內在小孩**之間**，你會背對內在批評者，避免內在小孩受到內在批評者的控制或質詢。接著，想像你抱起那個小孩，一隻手緊緊抱住。然後轉向內在批評者，伸出另一隻手，手掌向外，好像在堅決拒絕對方。這是為內在小孩創造充滿愛的場域，一個會受到保護、感覺安心、有人守護的場域。

有一些特質，我們以為長大了就應該拋棄，但其實是會陪伴我們一輩子的，做這個練習，可以讓你重新擁抱並珍惜這些特質，包括你的純真、你的脆弱、你尚未被理性束縛的自我。

加強自我接納，打擊內在批評者

每個人心中都會有一些痛苦、灰暗或丟臉的部分，面對這些特質，總是習慣否認、拒絕或遺棄。但是只要帶著關愛與好奇心靠近，就會感覺到這些特質逐漸走出陰影，從原本遭到否定或拒絕的**它**，變成重新找回來的**我**。如此全然的自我接納，讓我們變得更完整。我們甚至可以敞開心胸接納自己的封閉，對自己（甚至是親近的人）坦白，目前我們的心是封閉的，承認這種事並不會感覺到羞恥，也不讓內在批評者有機可乘。

與其繼續羞怒自己，讓內在的批評者壯大，拒絕或逃避看似混亂的部分，還不如把全部的注意力**放在**這些特質上。這麼做可以敞開心扉，開始接納並包容，明白在這些特質的背後，其實有一個受傷、無法自行療癒的內在小孩。

真正的自我接納，並非縱容或忽視自己不良的行為，而是衷心接納行為背後的自我。這就像靠近擔心受怕的小孩，創造一個溫柔的空間，把小孩緊緊擁入懷裡，不必告訴他們「一切都會好起來的」或「沒什麼問題」，只是單純和小孩同在，靈魂對著靈魂，只說必要的話。

當我們知道自己做過一些壞事時，例如傷害別人、自私、欺騙、撒謊、違法，往往很難跳脫內在批評者的聲音，會覺得自己活該，甚至感覺到不健康的羞愧。因此，任憑內在批評者一再鞭撻自己。但是這樣自我折磨對我們沒有好處，反而會阻礙療癒。

想像一下，好友來找你談心，懺悔自己做了一些可怕的事，這時候你不會縱容這種行為，但也不會譴責**對方**。你可能會感覺不安，但是不會輕易拋下慈悲心，所以可能對朋友說：「沒錯，你真的搞砸了，你確實造成傷害，但是還好你覺得羞愧，與其把精力都拿來自責，不如試著彌補、解決這些問題。感受你的悔恨，但是不要再貶低自己了，因為當你這麼做時，就無法處理問題。」現在，想像這位好友就是你自己。

面對這位朋友，你本來可以直接攻擊、貶低和譴責。但無論是自己或別人的過失，你都可以選擇應對方式，是要滿懷慈悲，還是冷漠無情，完全取決於你。當你自己犯錯時，也可以像慈愛的父母，讓羞恥心激發良知；也可以像暴力的父母，將羞恥心變成棍棒、鞭子和桎梏。如果真的為自己著想，就要卸除內在批評者的武器，停止自我攻擊。

內在批評者的言論，乍聽之下很有道理，但只要我們明白，它不是真正的在乎我們，就會逐漸擺脫它的控制。越清楚它的本質，每當它占上風時，就越能認出來，對它說不，以免把注意力放在它的言論和羞辱上。一旦改變對它的看法，就不會再受它的支配；我們不再是那個孩子了，不需要拚命討好苛刻的父母，而是我們成為真正的成年人，懂得和自己不那麼健康的部分相處。重點是直接面對內在不健康的部分，而不是任由自己被操控、被欺負，或拚命地掩蓋這些面向。切記，不要讓內在批評者牽著鼻子走，就連你打擊它的成效好壞，也不該由它來評判！

如果不希望內在批評者太囂張，一定要找出它的源頭，以及我們和它過去的經歷。它的聲音聽起來像誰？像你的父親還是母親，或是雙親的混合體？還是那個對你嚴苛的兄弟姊妹？或是教過你的老師？曾經霸凌你的同學？我們必須弄清楚內在批評者到底是在模仿誰，而且要有一個正確觀念，知道內在批評者是內在複雜的心理活動，每當有類似的情境重演，引發自我羞辱的傾向，它就會隨時跳出來作亂。

例如，父母愛發脾氣，動不動就羞辱我們，讓我們無所適從，那麼我們長大以後的功課，就是重新接觸當時面對父母發怒而不得不壓抑的怒氣。只要我們能控制自己的怒氣，便可以直接拒絕內在批評者（從此以後，內在批評者再也無法像羞辱我們的父母，暗中壓抑我們的憤怒）；但是如果控制不了這股怒氣，就很難對內在批評者說不，或是會舉棋不定。

隨著我們越熟悉內在批評者，就可以試著**和**它對話。有一個實用的好方法，就是擺放兩張椅子，互相面對面，想像內在批評者坐在其中一張椅子上，而我們坐在另外一張；接著，我們會輪流坐在兩張椅子上，分飾兩個角色，即興對話。一開始做這個練習時，我們對內在批評者說話的聲音通常會比較微弱，但是經過適當的鼓勵（來自治療師或親近的人），我們就會更坦率，更堅定地說出「不要！」或「停止！」展現出成年人堅定的風範。繼續練習，內在批評者的聲音就會慢慢減弱，我們也會明白，「天啊！它看起來那麼巨大和可怕，看似永遠是對的，原來是**我**把力量和注意力都給了它。從現在開始，我要讓它挨餓，撤回我的注意力和精力，也不要讓內在小孩面對它，**我**要自己來！」

＊＊＊

我們常常把情緒看成內在的團塊，彷彿是可以從體內排出的**東西**，只要想辦法發洩或釋放就好。但是事實並非如此！情緒不是東西，而是過程。情緒不僅僅是感受，而是由感受、認知、社會因素和制約的動態交織而成。內在批評者也是流動的混合物，其中包含感覺、思想，還有大量的制約。

我們無法清除內在批評者，因為它不是可以從體內排出的異物。但是我們可以選擇不認同它，停止讓內在小孩面對它，不再任由它審查和質疑，而是換成我們來審查它，這樣的人生就不會再受到內在批評者所掌控。

第二十四章 發現內在破壞者

除了內在小孩和內在批評者外，還有內在破壞者。內在破壞者是我們內心的一部分，即使我們長大了，它仍會不經意地反抗童年時曾經控制我們的人、事、物，即使這麼做可能會傷害我們。我們往往沒有探究過內在破壞者的動機，就讓它埋藏在陰影中。如果沒有先發現內在破壞者，就貿然進行陰影探索，一路上會困難重重。

每個人都具有自我破壞的能力，這種阻礙或背叛自己的傾向，通常被歸為不良或可悲的特質，必須想辦法克服，例如利用大量的正面思考，或者更賣力解決這個問題。然而，我們面對內在破壞者，不該用排擠或矯正的態度，而是要深入探索，直到我們明白它的根源、結構、動機，以及它**真正的**渴望。

內在破壞者就和內在小孩、內在批評者一樣，並非實體或東西，而是內在的思維過程與**活動**。這並非與生俱來，但是只要它生根了，通常在兩、三歲時，自我破壞的傾向就會浮現。

會有五花八門的表現形式，包括拖延、把別人看得比自己更重要、過度自我奉獻、將就，但是如果只處理表面的行為，過度關注行為本身，恐怕無法拔除自我破壞的根源。無論怎麼說服自己、為自己打氣，內在破壞者都無動於衷，依然會默默吸取注意力和能量。每當我們聽到充滿常識與善意的建議，比如該怎麼做最好時，我們可能會表面同意或是露出接受的態度，但幕後的內在破壞者仍拒絕到底，這種隱而不顯的拒絕，會讓表面同意的計畫落空。

自我破壞的傾向大多深藏在陰影裡，不容易察覺。唯有等到**事後回顧**，我們才會意識到，不知道什麼緣故，我們竟絆住自己，功虧一簣，自找麻煩。唉！為什麼要這麼做呢？這往往是一個謎，除非我們深入探索內在破壞者，而不是把它看作扭曲或可悲的部分，無奈地任由擺布。

內在破壞者會背叛我們嗎？其實不會，雖然在我們的眼裡，它的行為形同背叛。更準確地說，當我們說出「我控制不了自己」或是「我不知道自己怎麼了」這種話時，就等於把過錯怪罪到內在破壞者的頭上，這才是背叛自己的行為。因為不從陰影發掘自我破壞的根源，就是挖洞給自己跳。既然如此，這麼做對我們有什麼好處？好處是可以裝成一副受害者的樣子，**彷彿**受制於無法掌控的力量。表面上或許會承認自己要負一些責任，為此感到慚愧，但是暗地裡卻覺得自己無法控制，逃避真正的責任。

吉姆一直夢想著未來可以創辦公司，生產他發明的東西，這個發明有可能大紅大紫。他把計畫寫在筆記本上，拿了專利的申請表，老是和朋友與另一半討論整個過程，沒完沒了，甚至還做出一個小原型。但卻沒有踏出必要的第一步，比如去找律師，遞交專利申請表，讓他真正開始生產。雖然他一直有這個打算，卻總是告訴自己，事情太多了，他還特意強調，自己確實沒有那麼多的精力。藉口堆積如山，占據越來越多的心思，他真的很灰心，心想他的發明這麼管用，還可以讓他賺到足夠的退休金。他不禁開始抱怨：「這件事未免太難搞了！我好想完成，但生活總是跟我作對。」

如果陷入自我破壞的情境，就會像吉姆一樣，不為自己的行為負責。明知道某件事對自己有益，卻故意讓自己失敗，然後再適度地責罵自己。於是，就陷入內疚和自我懲罰的循環，內疚越深，越容易持續失敗，不斷跟自己作對，害自己步履蹣跚，最終喪失對自己的同情心。此外，我們**不讓自己長大**，退化成執著的小孩，拚命追求不可得或不足的東西，這種心態再加上成年人的妥協，終究會阻礙自己前進。

比如說，如果體重過重，對此感到不安，卻經常用食物來排解情緒，便會開始責備自己。然後又因為自責，用更多食物安慰自己（下一次心情不好，恐怕會吃更多的食物，讓自己好過一些），甚至還覺得這麼做理所當然，反正都責罰過自己了，不是嗎？然而，反覆逼迫自己做**應該**做的事來擺脫困境，卻不斷地麻痺和羞辱自己，搞得身心俱疲。

如此黑暗的惡性循環，讓人看不清困境的根源。

內在破壞者的主要元素

我們自我破壞的傾向，主要**包含**三個共存的因素：一、嚴重漠視內在小孩的核心需求；二、漠視內心的需求，強迫自己做**應該**做的事；三、找藉口。

一、嚴重漠視內在小孩的核心需求。這是自我破壞的主要特徵。這種漠視行為反而會重燃我們最初的渴望，包括渴望被看見、聽見、被感受到、被無條件愛護、被全心關注，但是小時候可能不曾感受或覺得不夠。越排斥這些需求，壓抑在陰影中，無論再怎麼遠離，還是會很容易受到干擾。想像一下，好像有個小拳頭不斷捶打我們的胸口，雖然聲音微弱，但是很堅定。

二、漠視內心的需求，強迫自己做應該做的事。這種行為往往忽視了內心深處的核心需求。我們經常拚命做「對的」事，卻總是完成不了，因為我們在努力的過程中，內心充滿矛盾，心裡那個不想繼續前進的部分雖然沒有明確反對，卻在暗地裡左右結果。真正**不願意**配合的，其實是我們長期忽視的內在小孩。如果不去理會內在小孩，堅持做自己認為應該做的事，不經意就會漠視這個小孩。**對大人來說，是自我破壞；對內在小孩而言，倒像是自我保護。**比如，「大人」一心要執行超健康的飲食計畫，但備受忽視的內在小孩卻渴望關懷，不願意乖乖配合。

三、找藉口。除了早已內化的漠視外，再加上找藉口的行為，可能會不假思索做出一些「決定」，來妨礙、打亂或破壞自己的計畫，同時運用「成人」找藉口的能力，為這樣的個人決定辯解。於是，原本不該吃的餅乾，現在就有吃它的理由，至少吃進嘴裡的那一刻是如此，「今天好辛苦，應該犒賞自己一下！明天再繼續控制飲食。」

早已內化的漠視，不知不覺聯合找藉口的行為，讓我們忘了自己**應該**做的事（比如不該吃餅乾），雖然方向錯了，但其實是為了喚起我們的注意力，關注那些備受忽視的**原始痛苦**。

只可惜還是失敗了，**那些注意力並沒有轉向主要痛苦，反而落在自我挫敗的行為**。隨後我們陷入內疚，責怪自己「不夠好」或不夠成熟，而我們最深層的需求依然藏在黑暗中。真是悲哀！我們已經接近自己的核心痛苦，卻依然與它隔絕，沉浸於**次要**痛苦的戲碼，也就是「我不好」或「我失敗了」的痛苦，而這種次要痛苦都是由內在批評者監控和主導的。

內在破壞者與內在批評者的差別

我們經常混淆內在破壞者與內在批評者，內在批評者是一種內化的負面自我評價，充滿羞辱，冷酷無情，但和內在破壞者有很大的差別：

- 內在批評者是嚴厲的監督者；內在破壞者則是隱蔽的臥底。
- 內在批評者是霸凌者；內在破壞者則是妨礙我們前進的力量。
- 內在批評者會降低自我意識；內在破壞者則會擾亂我們的方向。
- 內在批評者是不斷貶低自我的訊息；內在破壞者則是不斷貶低自我的行動。

- 內在批評者讓我們感到羞愧；內在破壞者則讓我們陷入羞愧的處境。
- 內在批評者就像有暴力傾向的可怕家長；內在破壞者則像受傷又叛逆的孩子，想要暗中操控一切，卻用理性的成人語言掩飾這些行為。

習慣自我犧牲的「烈士情結」

接著探討一種常見的自我破壞行為，叫做烈士情結（martyrdom）。爆發人際衝突時，我們常聽到：「別那麼委屈自己啦！」這通常是在告誡付出太多的一方，可能會有過度付出的跡象。如果是必要的付出，比如照顧孩子，過度犧牲的那個人可能會拿這個無可厚非的事實，當成被動的「武器」，但是這樣往往會激怒對方。對方真正不滿的，並非這個事實本身，而是「拋出」這個事實的時機點。（不過就算別人說你委屈自己，也不代表你真的受了委屈。）

最容易陷入烈士情結的人，童年往往曾遭受漠視和忽略，所以這些人表現出來的形象，並非真實的自己，而是別人期望的模樣。內心渴望被看見、被愛，但是表面看似放棄這種渴望，不過這份渴望並未隨著長大而消失，反而依然藏在陰影中，他們卻彷彿別無選擇一般，一直把別人的需求看得比自己更重要。

為什麼會活出烈士的模樣？部分原因在於，**真正**需要幫助時，總是拒絕公開求助，一副**開不了口**的樣子。透過**無私地助人**，在內心為自己累積善良積分（甚至幻想會獲得父母的認可）。然而，這些積分只會加重內心隱藏的苦痛，除此之外，沒有任何貢獻。正是這份痛苦，讓人更想要犧牲自己，當個好孩子，這是在很久以前，為了迎合父母不合理的期望，逐漸發展出來的行為模式。

所謂大打烈士牌，包含負面的自我犧牲，還伴隨著情感的執著，這份執念深植於陰影中，助長自我犧牲的行為。沒錯，烈士往往做了無庸置疑的好事，無論再多麼疲憊，事情總會按時做完，孩子總會受到充分的照顧，任務也逐一完成，但是沉浸在烈士情結，傷痕累累的內在小孩永遠受到忽視，永遠排在末位，彷彿其他人的需求比較重要。

扮演烈士的角色，拚命滿足別人的需求，卻犧牲自己的真實需求，表現出一副受盡委屈的模樣，緊抓著受害者的形象不放，感覺會被各種責任壓得喘不過氣。雖然看似忙著照顧別人的需求，但是情感卻和內在小孩緊密融合。因為這種融合太緊密了，害我們無法聚焦，看不清那個小孩，只能感受它的存在。內在小孩的需求受到漠視，加上缺乏自我價值感，最終會侵蝕我們，阻礙我們去滿足更重要的需求。一旦有這份覺察，就不會再繼續與內在小孩融合，而是學會擁抱它，照顧內在小孩那些未滿足的需求（亦即我們真正需要的東西）。

努力嘗試本身就是自我破壞

當我們努力做某件事時，一旦與內在小孩失去連結，或是忘了關注它，這個小孩可能會鬧情緒，設法吸引注意，甚至打斷或打亂我們手邊的事情。這並非深思熟慮的行為，而是原始且強烈的需求占了上風，並且夾雜著各種合理化的解釋，還有一些相關的自我對話。

這種別再忽視我的渴望，和我們想要完成事情的願望背道而馳，相互對立，而非互補或協同。這些矛盾的渴望在內心引發衝突，害我們偏離正軌，事後百思不得其解，怎麼會發生這種事？

「我還在努力嘗試」這句真誠的肯定語，完美呈現這些互斥的力量，以及這些力量的交互作用。我們外顯的一面，看似認真「努力」；而隱藏的另一面，看似跟我們無關，並沒有興趣做「這件事」，甚至希望「這件事」不會發生，或是直接失敗。有在努力，不等於有行動，假設我要你努力拿起面前的湯匙，而你卻直接拿起來，我會說：「我並沒有要你拿起湯匙，而是要你**努力**拿起來。」因此，**努力嘗試本身就是自我破壞的行為**。聽起來冠冕堂皇，貌似真誠，但其實內心是**矛盾的**，表裡不一。

努力嘗試的行為，不僅隱含了自我破壞，同時也是自我破壞的表現，包含所有相關的因素。當我們還在努力嘗試時，會忽略某個內在部分，導致它沾滿灰塵或獨留在陰影裡。想想那些新年願望吧！（「我今年一定要常去健身房！」），這種願望掩蓋了內心另一個聲音（「我討厭運動！」）。於是，我們就像分裂的國家，強行推進一部分的意志，卻忽視另一部分的反叛。「我還在努力嘗試」隱含的面向，我們平常是看不見的；這種阻礙我們前進的意圖，潛藏在陰影的最深處。我們根本沒有意識到它的源頭：它其實源自小時候備受忽視或處理不當的需求。

意圖與行動之間有一道鴻溝，**自我破壞就是把我們困在這道鴻溝裡**，害我們失衡，變得目光短淺，混淆良好的意圖與不健康的意圖，手足無措。就在掙扎之中，我們迷失方向，被相互矛盾的訊息淹沒。彷彿同時閱讀三份截然不同的報紙，分不清其中的差異，陷入混亂。

在看到自我破壞的殘局時，我們常常羞愧不已。一旦有羞愧的感覺，我們就會傾向逃避，試圖遠離，尋求不那麼羞愧的領域。但是如果不急著擺脫自我破壞的羞愧，反而能有更多機會看清內在破壞者。揭開內在破壞者的面紗，脫下找藉口的外衣後，還剩下什麼？就只是一個渴望被看見和感受的小孩，渴望得到無條件的關愛與關注。和內在破壞者建立親密連結，就是直接感受其中的童真，認識這個小孩的需求，以及它主要受到哪些因素影響。如果沒有這樣的關注，這個小孩為了吸引注意所做的努力，可能會再次沉入，回到陰影裡，或是近一步惡化，做出更極端的行為來引起注意，阻礙或干擾我們繼續前進。

五步驟找出內在破壞者

以下五個步驟會幫助我們探索內在破壞者：

一、熟悉內在小孩。（參見第二十二章。）

二、熟悉內在批評者。（參見第二十三章。）

三、覺察自己的求生反應。一旦有這些行為，學會辨識它，和它建立連結，如此一來，就算有這些行為，你也不會被牽著走。

四、覺察找藉口的聲音。熟悉它的語法和內容，還有它的語調、隱含的意圖、所傳達的訊息，以及它在你體內的具體位置，或是你根本感受不到。

五、整合上述的內容：

- 感知內在破壞者的存在。你會發覺在做某個決定時，內心會有矛盾，有一股拉力阻止你去做最有益的事，而你正在為這股拉力找藉口。
- 為它命名。你可以說：「內在破壞者出現了。」
- 覺察三個主要特徵，試著連結每個元素：

被忽視的孩子：主要感受到哪些情緒？有哪些主要／核心需求尚未滿足？

「大人」的行動：你認為自己應該做什麼？你正在做什麼，來迴避或忽視核心需求？

找藉口：你的內在有哪些聲音站在內在小孩的那一邊，支持它推翻「大人」的計畫？

- 覺察並關注你的核心需求，但也不忽視次要需求。一邊渴望吃餅乾，一邊感受真正的渴望，只要觸及內在的原始渴望，餅乾就會變得沒有那麼誘人。
- 相信自己天生就是完整的。依循和諧的心意，順應完整的內在，這樣做的決定不單單來自內心的一角，而是源自核心自我。

＊＊＊

內在破壞者害我們受限、分裂、糾結，無論再怎麼努力前行，還是會一再拖累自己。當我們追求某個目標，內心那個備受忽視的小孩會隱隱呼喚著自己，無視它的呼喚，就容易陷入自我破壞的後果。

我們面對內在破壞者，有一種常見的反應，就是不懂為什麼會變成這樣，明明我們是出於好意，也盡力而為，反正就是有一堆藉口。然而，我們要有另一種不尋常的反應：覺察並正視內在破壞者，照亮它，直到我們看見它的本質。深入探索內在破壞者，其實是成長的必經之路，如果對內在破壞者認識不足，不清楚其中隱含的內容，陰影探索就只會停留在表面；而試著覺察內在破壞者的內在運作，能夠加強我們探索陰影的能力。

第二十五章 夢境裡的蛛絲馬跡

夢是最原始的家庭錄影帶，由自己製作，自己揭露私人的內在動態（及**情感**），由內在制約剪輯而成，播放給唯一的觀眾看，而這名觀眾不僅僅是旁觀者，通常還會站在舞台中央。夢境的意識蘊含著驚人的創造力和即興力，可以用陰影元素立刻編出有劇情的劇碼，牢牢吸引我們的注意力。夢境，就是一場私密的陰影劇場。

陰影元素並不會默默待在黑暗中，不發一語（陰影就像關在房裡的「壞」孩子），反而會找到宣洩和表達的途徑，但也有可能只是隱約出現在夢裡。夢中的角色大多是陰影，**以人類或非人類的形式出現**。例如，我們被壓抑的力量，可能會在夢中化為可怕的肉食動物。陰影不僅會在夢中化身各種形象，也是夢境的幕後推手。

夢境經常誇大正在經歷的衝突、困難的抉擇，或是人際關係及職場的挑戰。這些引人入勝的劇情，讓原本清醒時不那麼明朗的問題，頓時間清晰起來。陰影元素在夢中化為各種形象和情感，讓我們有機會看穿並連結陰影，進一步成長與深化。

展開夢境探索

不妨把夢境看成短篇故事，一切都有意義，一切自有安排，包括那些看似微不足道、荒誕或不合邏輯的細節。想像你是夢境意識的創作者，擁有立體的調色盤，能夠即興創作整個場景，隨手運用身邊的道具，一會兒打造任意門，通往新的現實；一會兒又打造鏡子，映照你各式各樣的面貌，諸如此類。

對理性腦（rational mind）來說，夢境不過是由瘋子經營的瘋人院，極度混亂；但對核心自我來說，這是一場全方位的表演，身穿恰如其分的戲服，飾演令人眼花撩亂的角色，邀請你去窺探自己的陰影。

首先，挑選一個你曾做過的夢，然後進行夢境探索。以下是夢境探索的大原則：

一律用現在式講述夢境，眼睛要一直閉著。假裝你面前有一個聽眾，對這個主題非常感興趣，感同身受，這會幫助你沉浸在夢境的感受和潛台詞裡。盡情重複或誇大某些細節，只要不會偏離夢境的流動就沒關係。

直覺雷達要永遠開啟。專心聆聽夢境的敘事和情感流動，不陷入分析或解讀。盡可能保持專注和好奇心。注意任何與夢境相關的聯想，但不要被它們帶偏。

留意個人細節。講述夢境的過程中，一邊注意夢境的內容，一邊留意你的情緒狀態、身體動作，以及你的表達方式有什麼變化。

持續覺察關鍵的片段。如果你忘了一部分的夢（回想長一點的夢境時，經常發生這種事），不必擔心，只要專注在你記得的部分，關注印象最深的橋段。當你開始探索夢境時，不需要從頭開始，不妨把重點放在主要的**感覺**，這麼做有機會記起遺忘的夢，可能會回想起一部分或全部。如果還是記不起來，就繼續專注在你記得的部分。

回想夢中的情感變化。大聲把夢境說出來，用心聆聽每次語調的變化，例如你的聲音突然變得平淡、低沉或加快。留意這些變化在內心引發什麼波動，有沒有浮現哪些個人經歷或前一天的事件。

不勉強自己找到意義。有些夢境就是令人摸不著頭緒，這很正常，只要為這些夢境騰出空間，不必勉強自己解讀。

反思一下，然後再重述一次。慢慢說，說到關鍵的地方，先停頓一下，留意有沒有其他新的想法。你可能會發現，再過一陣子或後續一、兩天，對夢境會有更清晰的理解。

夢中的投射行為

如果清醒時沒有察覺投射的傾向，這種行為就會習慣成自然。例如，一向待人親切、以和為貴，長期下來可能會壓抑憤怒，把憤怒投射到別人身上，感覺對方很生氣，和自己有天壤之別，但不管對方是否真的生氣。做夢的時候，**投射行為會更明顯**，夢中有各種人類或非人類的形體，都代表我們不接受自己的部分。此外，夢非常逼真，栩栩如生，我們不自覺地深信夢境就是現實。

要處理投射行為，不妨從夢中特定的元素開始（例如某個人、動物或物體），按照以下的步驟進行：一、假裝你**就是**它，為它發聲；二、**跟**它說說話；三、**跟**它聊聊天，互相對話。（參見第二十章。）

以下是簡短示範：

鮑伯：我走在一條黑暗的道路，看到前面有一間房子亮著燈。我走進去，地板上有一隻巨大的熊，正躺著睡覺。熊醒了，盯著我看，朝我走過來。我很害怕，渾身動彈不得。牠站起來，直視著我。我只記得這些。

我：閉上眼睛，深呼吸幾次……。現在想像自己就在房子裡，對那隻熊說話。

鮑伯：請不要傷害我，不要傷害我！

我：現在回應你剛才說的話，假裝你是夢中的那隻熊。

鮑伯（扮演熊的角色）：我不想傷害你。

我：現在回到你自己，回應那隻熊。

鮑伯：那你為什麼在這裡？你在這裡做什麼？

我：現在假裝你是那隻熊。

鮑伯（扮演熊的角色）：我住在這裡，這裡是我的地方！

我：聽到這個，你有什麼感覺？

鮑伯（熱淚盈眶）：似乎鬆了一口氣。**（長時間停頓）**

我：現在假裝你是這間房子。

鮑伯（扮演房子的角色）：我這裡有足夠的空間容納你們兩個。

鮑伯有一個專橫**跋扈**的父親，他為了生存，小時候就學會服從。在他夢中的那隻熊，象徵著自己潛藏的力量，這股力量一直在沉睡，直到他**進入這個空間**。從這個夢可以看出，他內心的力量一直藏在陰影中，等待他靠近，認領它、接納它。

這種探索夢境的練習，喚起本來難以觸及的訊息，還有內心深處的直覺，這些長期以來都藏在陰影裡。我們終於明白，夢中特定的元素再多麼陌生或奇怪，往往是我們自己的某一面。有了這份領悟，反而會感到解脫，對於完整性會有更深的理解。那些被我們排斥在外，投射到陰影中的部分，終於重新找回來了。這是一項充滿意義的復原工程，把我們散落的內在片段重新聚合連結，讓它成為內在**已知**社群的一分子，融入自我意識中。

掌握夢境中的每一個元素

夢境探索就像陰影探索一樣，無論多麼艱難或可怕，都要勇敢面對浮現的一切。這召喚我們踏入黑暗，看穿表象，正視平常不敢面對的事物。

夢境有許多種類，最好要學會各種探索方法。以下是一些建議：

把夢中的所有元素都視為自己的一部分。所謂的所有元素，不僅僅是夢中的人，還包括任何動物、植物、事件、物品。如此一來，做夢境探索時，可任意選擇夢中的元素，**假裝自己就是它，為它發聲**。例如，夢中有一把椅子，即興為它賦予聲音：「大家喜歡坐在我身上」、「我受夠了被人坐來坐去」，或者「每個人都覺得我的付出是應該的。」無論說了什麼台詞，就算是負面的內容，都會給我們一些啟示。我們越投入，好好扮演夢中的角色，它就會越生動具體，清晰呈現在眼前。

提醒：解讀夢境時，頭腦要懂得變通。如果我們一味認為，夢中所有的元素都只是自己的投射，恐怕會錯失夢境的真實價值，因為夢中有一些事物和角色**並不是**我們的一部分。比如說，我們在核心關係遇到瓶頸，另一半出現在夢中，很有可能是另一半真正的樣子，而不是自己內在的投射，只是我們對另一半的看法會影響這個形象。有些人可能夢見另一半背叛自己，即便現實生活中沒有明顯的跡象，但實際上另一半的確做出背叛的行為。這些人平時不能或不願意面對這種可能，於是這個情景在夢境浮現，衝擊往往會很強烈。

有一次心理治療，艾德告訴我，他反覆做一個惡夢，一隻紅眼睛的大臭鼬在後面一直追著，而他無法逃脫。他描述這個夢境時，開始渾身顫抖，還強調從小就開始做這個夢。我問他，小時候最害怕什麼？他說被繼父性侵。我問這男人身上有什麼味道？艾德說：「非常臭。」他的繼父是酒鬼。那他的眼睛呢？「紅色的，」艾德回答，「尤其是他走進我的房間時。」

認為夢中的每個元素都互有關聯。這麼一想，原本容易忽略的關聯就可能浮現。例如，夢到自己開著煞車失靈的車，做夢境探索時，可以試著扮演車子，對司機說話，然後再假扮司機，回應那輛車剛剛說的話。持續來回對話，很快就會察覺自己在生活某個層面確實不知節制（從車輛和環境的細節，可以猜出是哪個生活層面），害自己身陷危機。

認為夢中的每個元素都值得關注。細節很重要，看似瑣碎的夢境細節，往往象徵心理情感的冰山一角。你在夢中是什麼穿著？桌上有什麼？前門的台階讓你想起什麼？鏡子掛在怎樣的牆上？好奇夢中的每個元素，如果你對某個元素沒有感覺，就試著**為它發聲**，直到它的內在意義和情感浮現為止。

認為夢中的每個元素是一個整體。探索夢境時，不僅要關注理智和心理的層面，還要顧及情感、身體與靈性層面，把個人、人際和超個人的層面全部納入探索的範圍。這個方法要仰賴直覺。沒錯，發揮你理解隱喻的能力，但是別忘了感受夢中的情感氛圍和起伏。讓身體也一起參與，用身體表演夢中一部分的情節，模仿夢中的姿勢（包括夢中做出來或沒有做出來的動作），這一切都會幫助你深入理解夢境。夢境裡一些看似陌生的情節，經過親自的演繹，可能會有意想不到的啟示和頓悟。

認為夢中的每個元素是你內心浮現的東西。你不必認同夢中的一切，包括你在夢中扮演的角色，只需要認同夢境這個**空間**。讓自己成為這個空間，無形的容器，這並非抽象的任務，只是要超越理性思維，轉換一下視角。這種新視角會讓人健康地抽離，因為是健康的，並不會破壞關係。你探索夢境時，可能不常從這個視角切入，但這種方法值得學習，尤其是探索造夢者的身分，會特別有幫助。

＊＊＊

要真正掌握夢境的精髓，我們需要超越理智的探索方式，追求啟示，而不僅僅是解釋。去感受夢境，不用耳朵聽、不用眼睛看、不用頭腦想，盡量熟悉夢中的細節與奧祕。探索夢境，必然會直接觸及陰影元素；無須刻意挖掘。在夢境這個私密的陰影劇場裡，我們會遇見更多的自己，獲得更多的覺察，變得更加完整，這是一種超越想像的圓滿。

第三篇

探索與面對痛苦

第二十六章
親近自己的痛苦

陰影之所以存在，是因為內心有許多事情，基於種種理由，被我們逃避、解離或切斷聯繫，隱藏在黑暗中。我們會這麼做是因為感到痛苦（包括困擾、不適、無解的傷痛）。如今刻意面向這些痛苦，就是一項英勇的行為，這會幫助內在戰士成長。面對痛苦，探索痛苦，從內在去體驗、理解它，正是探索陰影的必經之路，因為我們最深的痛苦就藏在陰影中。**越擅長處理痛苦，越能和自己的陰影共處。**

我們能夠帶著意識，逐步親近自己的痛苦。一路上，學習如何進入痛苦，區分痛苦與受苦，發現兩者的不同，終而解脫。真正的幸福不見得無痛無苦，而是要勇敢面對痛苦，刻意進入痛苦。我們可能會以為自由是無痛無苦的境界，但真正的自由並非毫無痛苦，而是懂得如何面對痛苦，和痛苦建立關係，以及選擇與痛苦靠得多近。當我們溫柔探索自己的痛苦時，最終會找到內心的平靜，即使碰上艱難的日子，這份平靜也不會輕易消失或瓦解。

重新看待痛苦的感受

痛苦是令人不快的感覺或感受，無論我們是誰，無論身在何處，痛苦總是難免的。昨天的痛苦可能還在，明天的痛苦繼續疊加。我們得不到自己想要的東西，會感到痛苦；得到不想要的東西，也會痛苦；即使得到自己想要的，還是會痛苦，因為萬物都會改變，而我們幾乎無法掌控。

我們忍不住把痛苦拚命往陰影推，設法讓自己麻痺、迴避或逃離。越想要逃避痛苦的感受（包括否認、解離或轉移注意力），痛苦越會在內心深深扎根，而不只是停留在陰影裡。該怎麼辦呢？

首先，要**正視自己的痛苦**，直接面對並感受它的真實存在。然後保持專注，一步步靠近，慢慢**進入痛苦**，全心全意地覺察（後續幾章還會深入探討），我們就會逐漸明白，**想要從痛苦解脫，必須先深入其中**。

我們常說自己苦，但其實並未真正**深入**痛苦，只是比平時更靠近它罷了，我們依然是在痛苦的**外圍**，並未觸及深處，和痛苦的核心仍有一段距離。

不過我們可能想不透，難道不是應該擺脫痛苦，或至少遠離痛苦嗎？痛苦已經夠折磨人了，為什麼還要主動靠近痛苦，甚至進入痛苦，把情況變得更糟呢？這些疑問合情合理，因為大家都排斥痛苦，無論是生理、心理或情感的痛苦。勇敢面對痛苦，靠近它並深入了解，看似有違直覺，顯得不明智、不合時宜又自討苦吃。

逃避痛苦並沒有什麼好羞愧的，我們只要看清這種行為的本質就夠了。這樣就能抱持著慈悲心，探索這種行為的根源，回顧並感受自己早年為了逃避痛苦所做的一切努力，這些努力並沒有白費，或許曾幫我們度過難熬的時刻，但是如今已經不合適。

面向痛苦後，會感到一種扎根在內在核心的深層自由。我們穩定而緩慢地放下逃避痛苦的習慣，**以前用來逃避痛苦**的能量就會釋放出來，投入真正有意義的事。面向痛苦，並不會讓痛苦加重，反而會迅速減輕痛苦，因為不再浪費精力去逃避。此外，當我們轉向痛苦，給予它更多空間，自己也會變得更專注和**開闊**，從而減輕壓力，即便只有舒緩一點點，也會大不相同。

和痛苦共處，並不是逆來順受，也不是任其掌控，而是保持清醒同在，不被痛苦吞噬，也不與痛苦解離。人很容易被痛苦淹沒，彷彿捲入能量的漏斗，深陷黑暗的漩渦中；人也很容易逃離痛苦，結果對痛苦缺乏覺察，和痛苦過度疏離。

和痛苦同在，不容易做到，但是只要持續練習，確實可以達成。我們和痛苦共存的時間越長，痛苦對我們的影響就會越小。我們或許還是會痛，但不會那麼在意了，因為我們更有處理能力，在某些情況下，例如情感需要釋放時，我們就會懂得控制痛苦，並且表達出來。

儘管痛苦無所不在，但是日復一日，如果只維持慣性反應，就無法真正理解它。然而，如果痛苦難以承受或完全失控，確實要暫時遠離，留給自己喘息的空間。話雖如此，學習**和痛苦共處**，痛苦時盡量活在當下，仍然值得我們學習。

痛苦的種類繁多，包括生理、情感、心理、靈性層面的痛苦，各自有許多不同的特質，例如密度、質感、形狀、動態，而且這些特質會持續變動。然而，無論是哪種痛苦，都是一種強烈的不適，比如煩躁或劇痛。當我們探索痛苦時，就是在面對、掌握及熟悉痛苦的本質，包括它的細節與核心真相。

一旦轉向痛苦，就不會繼續逃避。轉移注意力是人之常情，而逃避痛苦的手段形形色色，可能會從理智、藥物或情欲下手，但是這些手段反而會束縛我們，讓我們無法深度體驗人生，雖然短期內有效，但其實只是困在慣性模式。放下逃避的習慣，可能會痛苦一陣子，因為打破慣性行為令人不適。但不久後，即使痛苦還在，卻不以為苦。越靠近痛苦，越可能善用技巧來**連結**它，而非**逃離**它。這樣和痛苦**連結**與親近，**就會開始解放自己，以免繼續逃避痛苦，而承受可怕後果**。

痛苦可能會吞噬我們，但拚命逃避痛苦同樣消耗精力。當我們轉身背對痛苦，不去理解或接觸它，**只會陷入看似有效的解決方案**，過度依賴或沉迷最輕鬆有效的逃避手段。然而，這只會製造更多痛苦，消耗自我能量，卻無法真正解決最初的痛苦。幸好時間一久，我們對這種逃避痛苦的手段就會開始感到不滿（尤其是成癮的情況），終究有一天，我們會邁向更有生命力的方向，只是過程會有一點波折。

無論我們多麼渴望痛苦消失，痛苦依然存在，但是痛苦卻帶給大家相同的契機。只要停止逃避，就能夠善用痛苦，賦予它新的人生意義，讓視野變得更開闊，基礎更為穩固。這不代表痛苦是一份美好的禮物，而是說直接感受痛苦的存在，可以集中注意力，回歸清明而完整的狀態，即使內心仍感覺緊繃，也總比分崩離析來得好。

當你深入痛苦，才不會製造更多的痛苦，反而會感覺到自由，一種不必消除痛苦的自由。

痛苦不等於受苦

日常生活中，**痛苦**（pain）與**受苦**（suffering）經常交替使用，但是兩者其實差很大。受苦和痛苦確實密不可分，但經歷痛苦不見得會受苦。

基本上，痛苦只是令人不快（有時是極其不快），而受苦是我們自己對痛苦的反應，比較如下：

痛苦：丈夫剛剛拋下我，我好受傷，心都碎了。

受苦：丈夫剛剛拋下我，我好受傷。人生完蛋了，再也遇不到愛情。我媽說得對，我根本不該來到這個世界。

當我們無法轉移注意力，適度遠離痛苦時，往往會用兩種重疊的手法，將痛苦變成受苦：

抗拒痛苦。當我們抗拒痛苦時，我們痛苦的本質**以及**我們對它的接納，會全部都推入陰影之中。

誇大痛苦。當我們以受傷的「自我」為主角，把痛苦編成難以釋懷的故事時，我們對這個情節的執著就會藏在陰影中。

受苦這件事，令人難以釋懷（甚至令人崩潰），但是通常可以避免，就像我們可以選擇如何回應痛苦。受苦時，不僅會抗拒痛苦的實情，還會把自己和痛苦**綁在一起**，把它過度**個人化**，不只陷入痛苦，還會誇大痛苦。

如果痛苦是刻意感受的傷害，受苦就是把這種傷害**誇大了**，扮演受傷的一方，把自己困在這個角色裡。整個人被受傷的角色**占據**，所以沒有動力看穿或跳脫它。這會與痛苦的本質脫節，錯失和痛苦親近的機會。

把痛苦變成受苦，阻礙了自我療癒和幸福。當我們忙著受苦時，就是在**拒絕**單純和痛苦同在。那股逃避的能量，拚命逃離此刻，就無法投入更有生命力的目標。受苦**看似**讓我們貼近痛苦（畢竟會感到痛楚），但是其實卻讓我們**隔絕**痛苦。唯有深入面對痛苦，才可以活得更自由。

如何化解受苦？除了要跳脫受苦的劇本，把它看得更清楚外，也不可以繼續逃避痛苦。當我們退後一步，遠觀受苦的劇碼，就會看穿自己正扮演「受苦」的角色，以及自己對這個角色的執著。我們可能還是會受苦，但不會**那麼**嚴重了，尤其當我們開始用心體會痛苦的真相。

當我們打開燈，受苦的劇碼一目瞭然，這時候全部的注意力都會放在痛苦的真相，以關愛、清晰、精準的方式探索痛苦。從內在認識痛苦，覺察它持續的變化，還有它隱含的特質。我們對痛苦的感受不再籠統，而是會體會痛苦的細節，**停止抗拒它**。

懷抱著覺知和慈悲心，而且不再抗拒，這樣進入痛苦，才有可能真正從受苦解脫。傷痛或許還在，但是我們與傷痛互動的方式會改變。不繼續抗爭了，而是選擇擁抱它。

受苦就是在拒絕親近痛苦。如果我們忙著受苦，我們和痛苦的距離是不健康的；雖然遠離痛苦的真相，但是這種距離並無法看清真相。痛苦本身不一定會阻礙幸福，但受苦卻會。受苦會禁錮痛苦，導致痛苦太封閉，難以釋放。

只要轉過身，不再注視受苦投射出來的故事，人就會開始覺醒。隨著身體意識逐漸回到舞台，受苦的影響力會開始減弱，讓我們靠近痛苦的核心，和它正面相遇。在那個地方，不會有更多傷痛等著我們，而是會有更多的自我——更多的療癒、更多的平靜、更多的接納。把痛苦的真相從陰影中帶出來，就會解放自我。這樣一來，痛苦不再是阻礙，反而是助力。

轉向痛苦，是減輕受苦的第一步。當我們勇敢進入痛苦時，還會進一步減輕受苦。即使痛苦仍在，穿越它的過程中，受苦會逐漸消退，甚至大幅緩解。和痛苦越親近，受苦就會越少。

第二十七章 接納與感受痛苦

轉向痛苦是**面對痛苦的真相，全然感受**。除了正視當下的痛苦外，還要反思這些痛苦與早年創傷的關係，有沒有可能是舊傷的表現。如果不清楚往日舊傷如何影響今日的我們，不明白目前哪些行為是在逃避傷痛，就有可能困在過去，無法全然活在**當下**，內心便不可能完整。

轉向痛苦的意思，就是接納內心曾經遭受拒絕的部分（被我們自己排斥、否認、忽視、逃避、躲避、驅逐或鄙視的東西），也就是壓抑在陰影中的一切，比方羞愧、憤怒、嫉妒和貪婪都很常見。對這些特質敞開心扉，並不會讓它們主導我們的生活、隨意發洩、徹底失控。大家想必不會隨便讓孩子在高速公路開車，我們對自己重新找回的內在小孩也是如此，要謹慎行事，以免落入過度放縱或照單全收的陷阱，隨時要保持警覺。

如果有某樣東西禁錮許久，長期缺乏關注，一旦有釋放的機會，表現恐怕不會太好。有了這個觀念，當我們放下防衛機制，不再逃避痛苦時，就不會期望痛苦立刻安分。

一開始，只要幫痛苦命名（例如我感到痛苦、焦慮或孤獨），然後繼續轉向它，花時間認識它。

如果忍不住想用習慣的手段解決，不妨先問自己，除了那一股衝動之外，還感受到什麼？**隨即轉向那份感覺**，灌注所有的注意力，與它同在，充分體會，想像心愛的孩子正在煩惱，而你擁抱著對方。如此一來，你就不會隨便用分散注意力的手段（包括成癮行為）來逃避痛苦。

堅定立場

在承認痛苦的那一刻，我們可能還沒有完全轉身。但是自從轉向的那瞬間，直到與痛苦正面相對，我們已經準備好前進，而這條路的第一步，就是**堅定自己的立場**。

立場要堅定，否則很容易動搖。當我們持續強化自己的立場，習慣面對痛苦時，我們對真正自由的渴望，哪怕只是增強一點，也會逐漸戰勝逃避痛苦的渴望。

我們準備面對痛苦這條巨龍，接納它的存在，或許會感到它的炙熱，還有它的具體威脅，但還不至於崩潰。我們堅定立場，讓自己平靜下來，站穩腳步。我們或許會有轉移注意力的衝動，但是代價實在太過高昂，如果再繼續拖延、停滯或逃避痛苦，風險只會越來越大。因此，我們堅守立場，但這不是固執。如果站得很辛苦，大可退後一步，先稍微穩住自己。

轉向自己的痛苦，找到穩固的立足點，就在那裡扎根。以下這個練習能幫助你堅定立場：

練習

站直，深呼吸。呼氣時，想像你正在堅定立場，從你的軀幹延伸到腿部和腳部，然後經過腳掌延伸到大地；吸氣時，想像你的立場從腳部、腿部、軀幹逐漸上升，來到脊椎、胸骨、頭部，而頭部毫不費力牢牢固定在脖子上。你的目光專注而柔和。至少做十回呼吸，重複觀想這個能量循環。

即使內心在顫抖，一想到自己要面對痛苦，就忍不住冒汗，但仍繼續站立著，盡量讓身體有存在感，你會開始感覺到自己真實的力量。不管改變有多小，堅持下去就對了。透過呼吸，為你的決心注入力量，進而堅定立場，但是還不要貿然前進。

如果有任何貿然前進的野心，一定要慎防，提防任何想成為英雄或戰士（無論男戰士或女戰士）的衝動。重要的是要堅定立場，不隨便偏離，你可能會隨風搖擺，可能希望自己身處他處，也可能會顫抖，但是千萬別因此逃避痛苦。

當你穩住自己時，仍要注意身後，但是不要讓自己緊繃。現在善用後腦、肩胛骨、薦骨、上背部和下背部，代替你去「觀察」，感受身後的情況，同時關注前方。

這個練習要做五分鐘以上。

給自己足夠的時間適應，堅定立場。正視痛苦的一切，包括你對痛苦的排斥心態，因此這可能是全新的體驗。如果你的痛苦看似怪異或令人反感，可能是因為你一直這樣看待它，不願意慈悲以待，以致它逐漸扭曲。

在堅定立場的過程中，不要把自己和痛苦混為一談；換句話說，要把痛苦當成另一個人來**互動**。你以前可能把痛苦看成自己（**等同於自己**），或者把痛苦看成外在的事物，覺得「這東西」不討喜、不受歡迎，盡可能遠離（就像把身體看成「頭腦指揮部」下轄的「工具」）。但是從現在起，你不再從痛苦裡面看它，也不再拚命遠離它，而是會**展開互動**。你開始聆聽和觀察，就不會繼續解離。你不會只停留在痛苦的表面特徵，而是會親近痛苦，無論感覺多麼陌生。此外，你為了堅定立場，也會保持必要的距離，如果有需要的話，大可重新調整距離，但不會再背離它了。

一時之間要你親近痛苦，如果覺得做不到，就再想一想。轉向痛苦，不是非得保持某種姿態。只要你持續轉向痛苦，練習停留，盡可能堅定立場，即使無法長時間堅持也沒關係。適應的過程，本來就需要時間。

因此，要給自己足夠的時間適應，就像你是在崎嶇的山路長途跋涉，而不是接受短跑訓練。面對痛苦，可以減輕痛苦的影響力，提升你的勇氣。從小小的痛苦開始練習，那些看似微不足道的小痛，盡量把全部的注意力放在痛苦上。

轉向痛苦，是邁向真正自由的一大步。面對自己的痛苦，也是在面對他人的痛苦（包括個人和集體的痛苦）。這麼做有一個好處，我們對別人的溫柔不僅會加深，還會擴展，最終納入所有人，無論對方和我們多麼不同。因此，慢慢來沒關係，但是一定要轉向痛苦。這是你應得的，也是我們每個人應得的。

第二十八章 命名並走進這場痛苦

為痛苦命名，就會更有能力面對。轉向痛苦後，下一步就是進入痛苦，和它建立更深層的關係。

為痛苦命名

為痛苦命名（口頭承認它的存在），我們會開始和它連結，哪怕只是小小的連結。與痛苦保持適當的距離，才能看清楚，如果離得太遠，就會失去連結；但靠得太近，容易陷入其中。

命名後（命名只是在貼標籤，但我們與痛苦之間可能太疏離），因此下一步是更直接面對痛苦，**再靠近**一點。以下的練習分成四步驟，先為痛苦命名，再來是靠近它，還有列出一些注意事項。

練習

一、剛開始，只要默默對自己說：「痛苦」、「痛苦在這裡」或「我正在痛苦」。這看似非常簡單，但**光要**做到這一點並不容易。命名完畢後，可能會忍不住把心力和注意力放在它背後的故事線。一旦陷入這些情節，無意間就會把痛苦變成受苦。

故事線並非不重要，只是剛開始為痛苦命名，最好要停留久一點，好好感受痛苦的原始情感。在這個階段裡，沒有必要思考痛苦的來龍去脈，因為這麼做通常會分散注意力，忽視當下的現實情況。

因此，現在只要讓自己真切感受痛苦，敞開心體會。**不要因為想逃避痛苦的衝動，而讓自己脫離痛苦**。

二、一旦為痛苦命名，就盡量與它同在，把所有注意力都給它。不要去思考痛苦，而是保持覺察。

這不是反智，而是有實際的考量。為痛苦命名，如果立刻陷入思考，甚至是反覆琢磨、過度思考，很快就開始受苦，讓誇大的受傷情節困住自己，把自己當成受傷的主角。

三、為痛苦命名，感受到你正在承認它的存在，讓這份感覺盡量在內心迴盪。給自己時間沉澱。如果你開始脫節，就再次為痛苦命名。不試著分析、解釋或說明。這些事都可以稍後再做，現在只要和它共處。

簡而言之，只看事實就好。區分事實陳述（亦即基本事實）和感知陳述，例如「他不在乎我」或「沒有人關心我」這類的陳述，都值得爭議，但「我感到悲傷」或「我的肩膀在痛」，就是無可辯駁的事實。

如果我生氣了，說我正在生氣，只是在分享事實。但如果我說「你讓我覺得不如分手算了」，就不是在分享事實，而是在表達感知、意見或特定的看法。因此，為痛苦命名之後，如果你選擇多說一點細節，請堅持陳述事實。

四、當你逐漸承認自己的痛苦（你命名的「痛苦」），不妨再更進一步，**具體描述痛苦的類型**。

除了描述痛苦的特徵（形狀、強度、質地、動態、顏色、密度）外，還可以做一些分類（例如身體疼痛、挫折感、傷害、羞愧、憤怒、麻木、焦慮、憂鬱等）。

此外，你還可以描述身體哪個部位會感到痛苦，以及你如何應對。這裡再次提醒，避免主觀陳述（例如「沒有人理解我」或「我感到失望」），只要單純陳述事實（「我感覺噁心」、「我腹部緊繃」或「我很煩躁」）。

＊＊＊

感受你的痛苦，關注它，說出它的特質。但是如果仍然模糊不清，或者難以描述，只要說「痛苦」或「我很痛苦」就夠了。然後，盡量覺察它在生理、心理和情感的表現。

為痛苦命名，仔細描述，象徵我們開始去親近痛苦。當你想到痛苦時，仍會覺得可怕，但至少不會把自己等同於痛苦，不會再被它淹沒。黑暗可能繼續包圍著你、束縛著你，但是已經有微光閃爍，帶來一絲領悟。只要再多一點覺察，這些微光將會更加耀眼。

為痛苦命名的過程中，主要是專注身體感受，保持全然的開放。你感受到痛苦，並承認它的存在，但還沒有大幅拉近距離。你是在蒐集資料，就像初步的田野調查，你正在內心預留空間，為那些非做不可的事做好準備，以免陷入空想。

關於為痛苦命名，有以下幾點建議：

- 認識自己和制約，以及有什麼占據陰影。
- 培養情緒識讀能力（能夠一邊感受，一邊辨識）。
- 處理痛苦時，身邊要有人督促你，不會讓你蒙混過關。
- 每當有感受浮現（不只是不愉快或難熬的感受），就開始練習命名。
- 切記，透過轉移注意力來逃避痛苦，會妨礙我們體驗人生。
- 無論有多麼痛苦，都不要選擇麻痺自己。

當我們回顧過去，體會到那些未命名的痛苦曾經造成什麼傷害（例如讓痛苦無謂延長，甚至變成受苦），就會更願意為它命名。

你現在有什麼感覺？無論是什麼感覺，都為它命名。盡量簡單，然後轉向它，全神專注，滿懷好奇心。

進入痛苦

當你轉向痛苦，也有決心這麼做時，就已經開始進入痛苦。你可能還在淺水區，水位只到腳踝，但無論如何，你已經進入了，正在踏入內心的陰影。

你之前做了那些準備，才能到這裡深入探索。如果你沒有做準備，突然被丟在這裡，就像一個遊客搭著直升機，直接降落在聖母峰山頂上，肯定缺乏準備和經驗，可能會表現欠佳。

進入痛苦的步驟如下：

一、覺察你是否用任何手段抗拒痛苦，例如把痛苦變成受苦，並留意自己是不是為此消耗太多精力，如果有的話，慢慢抽身，不再認同那個受苦的「自我」。

二、利用身體覺察，去感受痛苦及痛苦的表現，你可能仍然覺得不愉快，但是心境至少會開闊一點。無論痛苦多麼強烈或激烈，會變得更鮮明清晰，因為你已經拿掉所有的緩衝，以及受苦所營造的黑暗氛圍和包裝。

三、和痛苦拉近距離，幾乎要貼近彼此，保持焦點清晰。讓注意力穿透痛苦的表層。加深自己的呼吸。每一個步伐，每一次注意力的延展，都要帶著覺知。

四、當你進入痛苦，那些深入壓抑的部分，通常會光線昏暗，可能發現你自己的步伐不是直線前進，沒關係的。這條路可能不太平坦，情感的起伏很強烈，這都是自然的過程。

五、盡可能關注你的痛苦，感受它的質地、動態、密度、溫度、形狀、強度等，但不要迷失。注意任何變化。（關於這些特質，參見第二十九章。）進入你的痛苦，就是卸除任何防備，真切感受、觀察它，體會各種特徵。用心感受，保持專注和開闊，當你深入探索時，要留意任何變化。一路上，你可以親身體會，痛苦並不像表面那麼簡單，而是複雜的現象，涵蓋身體、情感、心理和社會各個層面，這些層面會不斷交織和變化。

六、當你探索情感的痛苦，要留意「我覺得悲傷」和「沒有人關心我」之間的差別。你必須堅持第一種陳述，那是事實陳述。第二種陳述則牽涉到感知、解釋、主觀，富有爭議性，要極力避免。採取第一種陳述方式，你會專心探索痛苦，但是採取第二種陳述方式，一不小心就會變成受苦，深陷其中。

七、繼續掃描痛苦，留意它的特質。你不再從痛苦抽離，也不會困在冷冰冰的客觀性裡，而是會開始親近痛苦，採取**全然主觀**的立場。你貼近痛苦，沉浸其中，卻能坦然感受，甚至把它表達出來，同時保持適當的距離，以便清晰觀察。

現在你不再隔著透明玻璃或坐著遊覽車觀賞痛苦，而是直接與它相遇，就像遊客深入陌生卻又出奇熟悉的文化，帶著好奇心和張大眼睛探索的精神，開啟一場全新的冒險。

當你有意識地深入痛苦時，前進的速度要拿捏好，讓你保持穩定和活在當下，受苦的情況便會減少。你可能仍會傷痛，依然會因為憤怒或恐懼而顫抖、因為羞愧而不安，但你不會編故事困住自己。你會為痛苦騰出更多空間、更多呼吸的餘地，此刻的痛苦往往不再緊抓著你，不再那麼強勢，也沒有那麼棘手了，即使它依然存在。

經過一段時間，我們會發現痛苦改變了，變成一種鮮明的存在，即使仍然感到不適，視野卻更加清晰，內在也更加深刻。我們彷彿來到急流的源頭；雖然水波洶湧，激流奔騰，但是在深沉的水流之中，我們感受到無邊無際的寬廣。這是我們痛苦的心臟地帶，一切痛苦經驗的源頭。抵達這個地方，是一個重要的轉捩點；我們已經走得夠遠了，現在隱約看見解脫的彼岸，並帶著深入痛苦所獲得的禮物和經驗，繼續往前走。

在這裡，內心會升起安然的感覺，與不適感共存。我們或許仍然感到痛苦，但是已經不太在意；不再讓痛苦占據心思。既不拚命擺脫，也不逃離，而是與痛苦共處，從緊繃到放鬆，給予它轉變的空間。

我們已經進入巨龍的體內，感受它的脈動，它那沉甸甸的黑暗、那古老的渴望。但我們拒絕淪為它的獵物，它不再支配、吞噬或啃食我們；反而現在是我們在啃食**它**（將它吸收消化，進而重生）。它厚重的鱗片和威脅，不會再困住我們，所以沒有必要斬殺這條龍，因為當我們進入它的體內，穿越它的雙眼，還有炙熱的外表，將巨龍的能量占為己有，反而會提升我們的生命力。這時候對我們來說，巨龍的火焰不只有熱，還有光。這是陰影探索的核心，我們正在深入挖掘自己的痛苦。

這是一段踏實轉化的體驗，猶如煉金術一般，讓我們立足於生命的基石，消融我們與痛苦的敵對關係。

第二十九章 探索痛苦的本質

探索痛苦的特質，可以拉近我們和痛苦的關係（越親近痛苦，就越不容易受苦）。本章深入探討痛苦的特質，幫助大家培養感知痛苦的能力，不只是深入探索，而是全方位探索。

痛苦的方向性

有些痛苦似乎沉積在體內，像一個厚重的固體，密度高，充滿慣性；但是有的痛苦（占據絕大部分）可以感受到律動，隱含方向性。有時候這種律動似乎沒有固定的方向，比如帶給人尖銳的感覺，前後擺動，忽快忽慢；或是給人圓潤或柔和的感覺，節奏規律，卻沒有明顯的方向。然而，很多痛苦都有明顯的方向，能量大多是向內、向外或向上移動。

向內的痛苦。這種痛苦通常帶有強烈的緊繃感，彷彿力量是朝著核心，一直收縮加強。感覺就像被壓碎、被壓縮、被吸入漩渦，一律是**向心**的收縮。滲入、放大，甚至還會增生，這些都算是痛苦的情感屬性，往往來自恐懼、羞恥或悲傷。不會向外崩潰，而是**向內沉淪**，經常伴隨沉重或壓抑的感覺，因而有**抑鬱**一詞。

向外的痛苦。比起向內的痛苦，這種痛苦看似開闊一點，但是依然煎熬，因為這種擴展其實很緊繃。向外揮出的拳頭，說到底仍是拳頭，是一個緊握的力量團塊。發怒就是向外的痛苦，怒火猛烈爆發，能量場會隨之擴大，上半身感覺脹滿怒氣，但仍是緊縮的；無論是雙手、下巴、眼睛或腹部，處處是糾結的張力。

悲傷主要是向內的（例如憂鬱症），但也可以向外。最明顯的例子就是不加抑制的悲痛，任由深切的傷痛與失落，宛如決堤般沖出的河水或風暴一樣澎湃湧現，傾瀉而出。

向上的痛苦。痛苦有時似乎是**向上衝**，比如我們生氣時，感覺自己「怒火沖天」或「快要氣炸了」。這種痛苦讓人備感壓力，深深壓抑著，尤其是卡在身體頂端，比如喉嚨、下巴和頭。向上的痛苦還有另外一種，情感傷痛會滯留在上胸腔和喉嚨，一整個壓抑情緒表達。內心可能有重要的話要說，卻因為喉嚨和下巴收緊或收縮，所以無法說出口。

不停移動的痛苦。痛苦還有其他的方向，例如沿著對角線走。我在二〇一六年差點死於心臟病，還記得發病的高峰期，從左下胸的中心深處開始，以致命的強度脈動一直蔓延到左肩外側的背部，再沿著左上臂內側向下。

另外，還有鋸齒狀的痛苦，例如頭痛、偏頭痛的刺痛、內耳的疼痛，或面臨痛苦的抉擇，猶豫不決，陷入煎熬的兩難。

如果你覺得痛苦正在移動，它是向內、向外、向上，還是其他的方向？留意身體哪一個部位最有感覺，注意這種律動的強度有多大，有多深入身體？在身體哪個部位最強烈？你是感覺到向內的推擠或拉扯，還是兩者都有？如果是這樣，這種感覺有沒有節奏感？

我們可能會被痛苦的方向帶著走，彷彿什麼事都做不了，只好隨著痛苦而去。但我們其實還有另一個選擇，就是趁著痛苦存在的當下，用心覺察痛苦的方向，**而我們會變成體會痛苦的空間，允許自己直接坦然地感受。**

痛苦的質地

要感受痛苦的質地（例如觸感與紋理），需要極度專注，仔細留意，彷彿心中有一隻手來回輕觸。一開始，只會隱約感覺到痛苦的質地，比如有多麼銳利或粗糙。隨後，我們會越來越精確細膩，用心體會和描述。不妨反覆追問自己以下的問題：

- 我的痛苦有多鋒利？
- 如果是鋒利的，是像矛尖，還是像刺刺的鬃毛？
- 邊緣是刺刺的，還是圓滑的？
- 我的痛苦有多麼柔軟？
- 這份柔軟的感覺有多厚、多重，以及表面如何？
- 是像橡膠有彈性，還是如絲綢般光滑，或者像砂紙般粗糙，還是軟趴趴的、皺巴巴的、鋸齒狀的？
- 我的痛苦容易穿透嗎？
- 如果把痛苦穿在身上，皮膚會有什麼感覺？
- 當我放鬆痛苦周圍的區域時，痛苦的質地會有什麼變化？
- 過去一、兩分鐘內，痛苦的質地有變化嗎？如果有，又是什麼變化？

對痛苦的描述不再抽象

想像一下，在想和親密的人分享觸感時，你可以表達多少內容？有很多內容不是言語可以傳達的，我們可以說觸感很好、很舒服，或者說我們很喜愛相伴的人。但是如果要精確描述，恐怕需要更富有詩意、引人共鳴的語言，因為再繼續使用平淡無奇的詞彙，無法呈現當下的感受，這就像傻傻地行進，而非輕盈舞動，對痛苦的描述也是如此。

說痛苦讓人疼痛不適，只是一個開端，但是如此簡單的描述，就像戴著厚重僵硬的手套，卻奢望親密接觸。這時候應該脫掉手套，真切感受存在的東西，和它真實接觸，帶入多一點詩意。我們可能會說，痛苦像一個帶著鱗片的拳頭，正在蠕動，或是像一條令人發癢的毛毯，包裹著一團長形的篝火，或者像是黑暗中翻滾的流沙。

我們對痛苦的描述越具體，就越容易接近它。

當你說「快氣炸了」，人們一聽就知道你「失去冷靜」、「要爆發了」。這類語言不僅表達憤怒，也是用直接詩意的方式，傳達你此刻的心煩意亂。說你「快氣炸了」，會比單純地說「我很生氣」，傳達更多的訊息。由此可見，你的怒氣比「悶煮」還要旺盛，卻還沒到「沸騰」的地步。雖然還沒有「氣炸」，但是絕對比「有點惱火」來得嚴重。

觸摸你的痛苦，就好像在全黑的房間裡，小心翼翼觸摸某件物品，謹慎、敏感、保持意識，盡量讓感覺浮現，慢慢地感受，逐步深入、前行和穿透。無論有多麼不舒服，都要持續感受痛苦的質地。同時，你觸摸的痛苦也要能觸動自己，讓這種接觸直達內心深處。

痛苦的溫度

探索痛苦的溫度，就像在溫度計指出某個刻度，一端是極冷，另一端是極熱。憤怒往往會靠近高溫（除了那種冷冰冰的怒火外），而憂鬱和悲傷則偏向低溫，其他類型的痛苦可能會有各種溫度，比方焦慮，時而是燥熱的激動，時而是寒冷的顫抖，不斷在兩者之間切換。

熱或冷的感覺，可能穩定不變，也可能會波動。波動是偶發的，還是更加頻繁？這種熱是溫暖或灼熱？是令人舒緩還是恐懼？這種冷是讓人清爽還是刺骨？是乾燥還是潮濕？

除了感受痛苦的整體溫度外，還要注意細微的溫度變化，更深入認識痛苦。我們可能以為，只要壓力增加，溫度就會跟著上升，但事實並非如此。向外的壓力是生氣常有的感覺，通常會升溫（因此我們經常把憤怒比喻成火）；而向內的壓力則容易感覺冷，尤其是憂鬱症或幽閉恐懼症。

羞恥也值得一提，雖然這種情緒是向內收縮的，但是最初會有一陣熱意（常令人臉紅）。感到羞恥時，會覺得自己暴露了，彷彿被人逮個正著，隨即會縮小自己，像是在減少暴露，遮掩難堪的赤裸，掩蓋徹底的羞愧。如果仍覺得羞恥，即使臉上最初的燥熱感、潮濕的悶熱感逐漸消退，仍會繼續萎縮、消沉、冷卻，除非我們將羞恥化為攻擊。羞恥的熱度是悶熱的，而且帶著侵入性，更像是一條令人窒息的毯子，而非一道突如其來的閃電。

恐懼與憤怒是兩個極端。焦慮和擔憂會令人不安，感受不到溫暖；恐懼和驚恐又更加寒冷，即使會出汗，往往是冷汗直流，帶給人濕冷的感受。

憤怒經常比喻成熱氣或火焰，包括「怒火漸漸悶燒」、「怒火直衝腦門」，或是即將「爆發」。這些形容詞暗指壓力，溫度正在升高。憤怒像液體，但又像火焰一樣，在體內流竄（可以稱為充滿生命力的電流），流過時突然有一股熱度。我們可能會感覺「充滿怒火」、「怒火中燒」，甚至有可能「怒火滔天」。一旦我「怒火全開」，就可以「轟」你一頓，或者會說一些「火上加油」的話。我甚至會「怒氣拉滿」、「火力全開」，「整個人就要爆了」，這些都在彰顯憤怒的火熱程度。

當你用心關注痛苦的溫度時，注意力就會媲美熱力探測器。盡量不用「熱」或「冷」這樣簡單的標籤，分辨各種熱和冷，這樣你的描述才會確實反映實際感受到的溫度。

痛苦的顏色

痛苦的顏色並沒有公認的視覺標準，而是基於個人的內在感覺，感覺某些顏色和情緒狀態相符。其中有一些顏色，經常讓人想起特定的情感狀態，例如紅色和黑色象徵憤怒、灰色象徵憂鬱。痛苦的顏色與色調，大致是每個人獨特的感受。

身處痛苦中，起初或許無法立刻感知到顏色，但是只要多留意一下，並追問自己痛苦像什麼顏色，心中通常會浮現某種顏色或色調。我們可能不會真的看到紫色、暗紅色或黃色，但是會**感覺到**這些顏色，透過這樣的感覺來「看見」，覺得這些顏色和痛苦契合。當我們深入觀察，尤其是充分進入痛苦之後，還能發現顏色的變化。

憤怒時，可能會「看見紅色」，或是感覺自己陷入「黑暗的狂怒」。如果憤怒升溫，可能會「陷入一片黑暗」或「眼前一片血紅」。為什麼是紅色？因為憤怒是火熱的、高壓的，也是突然湧現的衝動。很少人會用淡紅色或粉紅色來形容憤怒，通常會用鮮紅色或深紅色。

除了憤怒會變紅外，羞恥也會令人臉紅。然而，紅色與羞恥的關聯往往沒有憤怒那麼深，因為羞恥感的動能不是向上和向外，而是向下和向內。臉色逐漸褪去紅暈，這種向內的拉力讓一切變得模糊，難以分辨的顏色交雜重疊，模糊陰暗。羞恥感往往會立刻轉為其他狀態，諸如退縮、逃避、攻擊或精神恍惚，這也會帶入不同的色彩。

如果對顏色和情緒有刻板印象，例如把深綠色與嫉妒聯想在一起，那麼在探索痛苦的顏色時，最好先拋開成見。一開始剛轉向痛苦，可能無法感覺特定的顏色，但是進入痛苦之後，通常會逐漸感受到各種顏色，包括黑色在內。接著可以調整感知，去感受顏色的強度、深淺、厚度或斑紋，注意顏色會不會隨著其他特質（如方向性和質地）而改變。

你感知或直覺感受的顏色，是否在律動？這些顏色是突然出現的，還是像潮水般湧入，或者像刷上去的？有沒有層次？當你注意到顏色時，顏色會發生變化嗎？當痛苦加劇時，顏色會不會改變？如果會改變，又是怎麼變化的？

有時候痛苦會變得明亮，甚至會發光；有時候它會發出最柔和的光，呈現深淺不一的白色或淺黃色；有時候可能會失去所有顏色，或是變得一片漆黑。

無論痛苦是什麼顏色，我們都要保持專注，留意每一個變化，全神貫注，同時心胸開放。

痛苦的密度和強度

所謂**痛苦的密度**，代表我們體會到的重量、厚度、具體的引力，是否越來越沉重壓抑；所謂**痛苦的強度**，則代表我們體會到的力道，從最輕微的煩躁，一直到難以忍受的劇痛。

痛苦的密度越高，強度就會越大嗎？不見得，雖然憂鬱的密度很大，但是強度往往不如恐慌或憤怒。密度可能蘊含極其充沛的能量，但也可能是停滯的慣性能量，就像遭到重壓，動彈不得。

有時候當我們深入痛苦時，可能會感覺它變得更深厚或更強烈。這就能證明為什麼神經活動增加（通常伴隨腎上腺素飆升），會產生恐懼、興奮、憤怒、激情。這些刺激不一定是負面的；就連正面的刺激，也可能超出生理閾值，導致情感痛苦。換句話說，過猶不及，一旦興奮過頭，也可能變成激動和焦慮，令人不快。

留意你的痛苦強度，覺察它帶來的挑戰，還有你要如何應對。此外，你也要注意它的存在特質：這是穩定的嗎？富有節奏感？會推擠、拉扯？還是像波浪或閃電的方式出現？看起來是寬是窄？是陡峭還是平緩？它會如何影響你的呼吸、姿勢、太陽神經叢、眼睛、喉嚨、舌頭？你已經快要無法忍受了嗎？

同時，試著深入觀察，緩慢而穩定，感受痛苦的厚度與重量。你是否需要刻意集中意識？你是否感覺痛苦重壓在身上？如果是的話，這股重量是從上方壓下來，還是從下方拉扯你？把你的痛苦密度比喻成一片森林，樹木的間距有多大？可以讓多少光線穿透？樹幹有多堅固？樹根有多深？樹枝又有多麼糾結？

當你深入觀察痛苦的密度，試著在其中開闢更多的空間，就像為自己拓展活動的範圍。有時候只要關注痛苦的密度，就會讓它變得更透氣，感覺不那麼沉重。降低痛苦的密度，不僅要刻意進入痛苦，還要溫柔對待自己**和**別人，這樣可以讓痛苦的強度會更容易掌握。

若要減輕痛苦的強度，最好從它的周圍下手，盡量**軟化並放鬆**，讓痛苦的強度得以擴散，就不會那麼壓抑。即使痛苦的強度依然緊握如拳，但是只要稍微鬆開，形狀可能看似不變，就像原封不動的石像，但內部可能會裂開或崩解，從岩石逐漸化為沙粒，這就是密度降低的過程。

痛苦的形狀

痛苦有形狀嗎？偶爾會有，但不見得是可以觀測的形態。起初的結構通常很微妙，隨著我們熟悉痛苦的地形，感受能力就會變強。為了感知並追蹤痛苦的形狀，必須進行立體掃描，就像搭乘一架低空飛行的飛機，同時具備深度與廣度的視角，沿著痛苦的輪廓繞行。

辨識痛苦的形狀，就像在觀察波浪。雖然波浪稍縱即逝，但是我們可能記住一、兩個瞬間的畫面，然而下一道波浪已經湧現，等著我們觀察。

如果你的痛苦大致是球狀，就要感受它的直徑、位置、堅固程度和對稱性。從不同角度觀察，但是別指望它會靜止不動，任你觀察。它從每個角度看起來都是圓的嗎？仔細檢查一下，有沒有凹痕、凹點、裂縫或橢圓形的斷裂？從內部觀察看看，它是空心的、實心的，還是半實心的？密度怎麼樣？它是擴張的、收縮的，還是保持穩定？

你的痛苦有稜角嗎？如果有，這些稜角有多鋒利？你的痛苦有沒有突出的部分，是否有根系、峽灣、峽谷或捲鬚？痛苦的形狀會不會流動？如果會，它是怎麼流動？流動的過程是像絲綢般柔滑，像變形蟲一樣無常，或者是圓盤狀、刺刺的、斷斷續續的、旋轉的，還是鋸齒狀？

調整自己去感受痛苦形狀和變化，就可以密切追蹤它。要保持這種敏感度，需要與痛苦同在，因為痛苦的空間形態經常在改變。

將注意力帶到你的痛苦，並加以深入。感受它在你體內的位置。一旦你與痛苦持續同在，就可以詢問自己：痛苦是什麼形狀？別擔心措辭是否準確，信任你的直覺。透過全方位的覺察，去界定你的痛苦，框架大小要適中，以免碰觸或壓迫到痛苦。接下來，深入觀察痛苦的形狀，就像觀測捕夢網中意外出現的深海奇景。無論看到什麼，去感知它的形狀和變化。不要想固定或凍結它；只需單純面對。如果它像腫塊，那就接受；如果像有翅膀的外星生物，那也無妨；如果沒有特別的形狀，也沒關係。

觀察痛苦的變化；觸碰它、探索它（可以想像你在滑雪、衝浪或健行），同時關注它的整體，深入各種細節。你越好奇，效果就越好。針對痛苦的形狀，拋出一些問題，試著自問自答：

- 它是否一直延伸到頭部？
- 它在你體內有多深？
- 它的背面和正面形狀一樣嗎？

- 它的輪廓是光滑的、銳利的、凹凸不平的，還是柔軟的？
- 痛苦的形狀像棒子、漏斗、沙漏、洩氣的球，還是磚塊？
- 痛苦的形狀在過去一分鐘有變化嗎？如果有，又是怎麼變化？

無論痛苦是什麼形狀，只要願意密切關注就會大有裨益。**不斷認識痛苦的形態，讓它有變化的空間**，從一個有問題的東西，變成有生命力、流動不息的力量，我們的覺察就會更深刻。

第三十章 從痛苦中走出來

我們經常演練轉向、命名、進入、同在，就會越來越上手，最終痛苦探索不再是固定的操作程序，而是流動的反應模式，讓這些步驟自然共存並交疊。我們不可能完全擺脫痛苦，但是可以學會善用，讓它為我們服務。

不再把痛苦看成問題，就能化解對痛苦的怨恨。我們會明白，**萬事萬物**，包括痛苦在內，都能幫助我們療癒和覺醒，這些不再是抽象的概念，而是真實的生活體驗。

只要選擇面對痛苦，並深入其中，受苦的程度就會減輕。無論經歷多少的疲憊、病痛或情感衝擊，只要觸及痛苦的核心，就會重新覺醒，感受到釋放，回歸內在中心。如果不踏上這段旅程，通常很快就會面臨惡果（比如封閉的心、緊繃的能量、孤立的存在）。

堅持下去，接受自己的不完美，一切會變得稀鬆平常。漸漸地，痛苦就不會那麼容易淹沒我們了。一次次從痛苦解脫，從困境中學到經驗，心裡充滿成就感。我們不再逃避（無論是靈性、理智或其他層面的逃避），而是直接進入痛苦，並親近痛苦。當我們說自己身處痛苦中，一定會確定自己**進入了**痛苦，而不是遠離或隔絕它。

要從痛苦解脫，首先要進入痛苦，否則是會受苦的。即使從痛苦解脫，仍要一次次進入痛苦。

不逃避痛苦的行為，最終會深植內心，變成日常的修行。我們會正視自己的逃避行為，學會在不舒服中保持自在。這種非凡的接納，讓我們迎向真正重要的事物，無論它是否伴隨著痛苦，並且感恩自己有能力應對挑戰，也為了自己此時此地的存在，心懷感激。

重新和痛苦建立關係

痛苦的確很折磨人，但也可以變成截然不同的體驗，前提是我們選擇**面對**，而不是逃避；我們轉向痛苦；進入痛苦；熟悉痛苦的特質，直到深入痛苦的核心。這些是基本步驟，只要不把痛苦看成問題，隨時都可以做。一次又一次，我們從痛苦解脫。痛苦或許沒有消失，但是我們與痛苦的關係已經完全不同了，在全新的關係中，我們會療癒和覺醒。當我們有意識地包容痛苦，就更能看清痛苦中的一切。

痛苦可以是一種恩典，或許有點炙熱或猛烈，但只要不把它變成受苦，就會是恩典。痛苦總是讓人痛，有時還會痛不欲生，但我們未必要當受害者；我們或許無法擺脫或逃避它，卻可以善用它。若非如此，又能如何？

深入痛苦核心的過程，比較像艱辛的跋涉，而非平順的遠足，每一步都要保持意識，鼓起勇氣。當我們更加投入，放下抵抗或鬥爭時，這段旅程會充滿恩典。這不是在美化痛苦；因為要進入痛苦，確實有著重重挑戰，但這是做得到的事。

直接面對，從內部了解痛苦，可以幫助我們善用它，最終穿越痛苦而獲得自由。當身心全然投入時，我們將深深體會到，即使生活中充滿痛苦，但受苦是自己的選擇。

痛苦並不是路障，而是我們的必經之路。

不斷地面對痛苦、為痛苦命名、進入痛苦，並且親近痛苦，讓我們走的路更堅定、更明亮，用熱忱、膽識和遠見鋪平這條道路。

讓痛苦不再那麼痛的過程

當我們深入痛苦的核心時，痛苦不再只是痛苦。我們可能依然會感到疼痛，卻不再受它控制。它的聲音，不再是我們的聲音。我們不再通過痛苦看世界，也不再逃避它。我們不屈服於痛苦，也不與它對抗。

說白了，痛苦沒有那麼痛了。換句話說，痛苦不再折磨我們，它或許還有殺傷力，但對我們來說，它不再是障礙，而是融合多重的現象，值得我們深入體會，**痛苦**這個詞彙已經無法表達其中的複雜性。

這是最深刻的恩典。進入並穿越痛苦的過程，不一定會消除痛苦的不適，卻大幅減輕痛苦的牽引和束縛，讓我們如釋重負。我們在此收穫的自由，並非逃離痛苦，而是從痛苦**解脫**。我們單純與痛苦同在，善用痛苦的經驗，讓自己專注於真正重要的事物。

我不是在鼓吹自討苦吃，也不是要你強忍痛苦。不要咬緊牙關，不要苦笑堅持，也不必當堅毅的英雄，因為這樣只會強化自我中心（「看看**我**受了多少苦！」）。把痛苦當敵人，只會妨礙我們親近它。

最重要的是，沒有必要排斥止痛藥物，不使用這些藥物，不代表特別高尚，如果服用藥物，有助於深入痛苦的核心，就安心服用吧！

痛苦變得沒有那麼痛，就是在不適和痛苦之中，找到一個安穩的立足點，深深扎根於當下。如今那條巨龍已經退隱，甚至有可能消失，它的能量為我們所用，這是我們前進的燃料和燈火。

我們會開始感謝那條巨龍，因為它的存在，迫使我們深入探索，召喚我們內心最精華的部分，激發我們未曾察覺的勇氣。而它守護的寶藏？不過是我們本質的另一個面向，充滿愛與力量，為我們和所有人服務。一開始，這些是「個人的」寶藏，後來變成「集體的」寶藏，最終成為「普世的」寶藏。因為在找到寶藏之前，我們經歷那一切，再也不會把寶藏據為「己有」。

當痛苦不再只是痛苦時，我們正走在回家的路上，已經感受到家園的溫暖。

第四篇

探索

集體陰影

第三十一章
世代創傷和集體創傷後壓力症候群

世代創傷

我們的陰影，除了我們不願意面對或感受的自己以外，還包括我們不願意面對或感受的先輩過往。有些過往的事件影響很大，足以顛覆我們的方向，深深影響我們的行為，強烈制約我們，我們對這些都很清楚。

但我們可能不知道或不太了解，就算是我們出生前發生的事，甚至父母或祖父母出生前發生的事、更久遠的古代和史前時代事件，都在影響我們。過去及那些重要的事件和力量，未必會隨著時間流逝。這些事件和力量宛如跨世代的能量場，存在我們之間，對基因有微調作用。這些能量場類似磁場，但是遠比磁場複雜，雖然肉眼看不見，我們卻可以感覺得到，憑直覺體會，但超越我們日常的意識。我們沒察覺，不代表我們不受影響。正如他人微妙的情緒，可以滲透我們，改變我們的狀態，遠古的力量場也是如此，同樣也會穿透我們的意識，甚至進入我們的細胞，深刻影響我們的情感和心理結構。

那些影響我們的人，無論他們經歷過什麼，必然會在幕後影響我們。這些大多藏在陰影中，變成心智和感官的印記，有時我們會察覺，有時卻悄然不覺。

我們或許會發現，父母或祖父母未解決的創傷，確實構成我們的制約，但卻往往忽視或低估那些影響他們的因素，對我們其實也會有間接影響。這聽起來可能很抽象或是難以捉摸，但如果仔細觀察父母和祖父母，了解他們成長的環境（無論是家庭或文化背景），你就可能會感受到某種文化氛圍，明白有哪些強大的影響因子，共同形塑他們多面向的生活場域。

回想那些在美國經濟大蕭條時期長大的父母和祖父母，特別是家境貧寒的人，家裡只能勉強餬口。他們不僅受到父母行為的影響，也受到當時的社會氛圍所影響。即便長大後，家境變富有了，仍維持童年的生活氣息，過度節儉，哪怕已經沒有這個必要，卻彷彿經濟大蕭條隨時會捲土重來。我們身為子女或孫子女，或許不曾經歷匱乏，也不曾煩惱金錢，但是這種匱乏的情緒仍可能滲透我們，影響我們的情感和人際關係，比如明知道該放下，卻不願放手。

這種無謂的堅持，有一部分可能藏在陰影中，而一些最難察覺的情感面，或許來自父母和祖父母成長時代的文化影響。如果我們還沒有深入認識自己的陰影，不免會受制於祖先傳承的文化。

現在我們進一步想像：數千年前，古代人面臨重大打擊和創傷時，只能硬撐下去，不像現在有令人麻木的緩衝與安慰。我們有時候會把古代浪漫化，拍攝古裝劇，卻忽略當時的生活有多艱難。當時幾乎每個人都過著極度困苦的生活，奴隸制普遍存在、大饑荒、幾乎沒有任何基本人權，還有平均壽命也只有現在的一半。瘟疫橫行、醫學落後、農奴制盛行、戰爭不斷，日常生活中充滿暴行，每個人幾乎都承受難以想像的創傷，伴隨著自我麻痺和靈魂挫敗。這些創傷會代代相傳，從未真正癒合，至今仍在潰爛。現代生活仍充滿挑戰，但是很多人比古代輕鬆許多，過著古代人夢寐以求的舒適生活，當然也有例外，比如仍有窮人、面對奴隸制與戰爭的人。就連古代的國王和王后，也未必過著現代美國中產階級的舒適生活。我們祖先沒有創傷處理和療癒的工具，只好背負著這些創傷，然後傳遞給子孫。創傷並沒有當成創傷來處理，而是當作生活的常態。

我們身上烙印著祖先的經歷和創傷，深植於肉身、心理及陰影中。這烙印在體內，深入皮膚底下，等待有一天，我們會主動面對。探索陰影的過程，也是在探索跨世代的陰影，這遠遠超出理智的探索。我們要勇敢面對自我創傷，還要面對祖先的創傷，對於這段共同的歷史，如果選擇忽視或迴避，反而會任由它操控，在我們的體內繼續滋生惡化。

大步向前的關鍵，正是轉向個人和祖先的痛苦（但不要製造二度創傷），還要從情感、心理及靈性連接過去與現在。如果不全心全意面對世代的痛苦，我們會看不清楚，就無法建立必要的連結。

轉向痛苦，包括祖先的痛苦，整個過程充滿挑戰性，沒有明確的路線，往往還無法預測，並不是什麼美好的事，所以也無法向大家宣傳。你如何讓人**徹底**走出舒適圈，離開頭腦營造的安全區，深入內心荒野、心傷和陰影？既然無法宣傳，就自己**默默去做**，沒有人會幫忙慶祝或鼓掌。大多數的人不會主動面對個人痛苦，更不會處理祖先留下的痛苦，然而有越來越多人踏出第一步，可能是一個人或幾個人，將自己的陰影從黑暗中拉出來，一場大規模的變革正悄然萌發。

集體創傷後壓力症候群

創傷後壓力症候群是臨床醫學名詞，意指在創傷事件之後或期間，引發了一連串症狀，這些症狀可能會立即浮現，或是隨著時間慢慢顯現。如果症狀嚴重，就會讓人異常不安，甚至有極度壓迫的感覺，深感迷茫，從而導致內心極度不穩定，宛如腳下的基礎搖搖欲墜，自我意識陷入混亂，還常常伴隨著恐懼感。

創傷後壓力症候群的嚴重程度因人而異，分成重度、中度、輕度，無論是個人還是集體都有可能發生。如今創傷後壓力症候群已經受到主流關注，治療方法有藥物和傳統療法（往往太強調認知），缺乏深入治療。根據心理學文獻，創傷後壓力症候群患者和一般人的區分很明顯。

創傷後壓力症候群是現代才有的標籤，但它所代表的東西由來已久。人類的祖先大多生活在惡劣環境，很可能都有創傷後壓力症候群，不僅個人有，集體也有。歷史上大多數的古代社會裡，除了最富有的人家外，幾乎沒有人享有特權，大家在日常生活中就得面臨生死交關，包括瘟疫、飢荒、極高死亡率、漠視人權，再加上為了生存，不得不麻痺情感。

這種集體創傷後壓力症候群會透過生化、情感和心理代代相傳，而我們幾乎沒有察覺。它占據一大部分的個人或集體陰影，我們每個人很可能都帶著創傷後壓力症候群的痕跡，哪怕只有一點點。甚至可以說，人類這個物種可能也患有創傷後壓力症候群。有些人的症狀似乎不明顯，但不代表沒有，畢竟我們都有強大的壓抑能力。無論適應得多好、看起來多正常，我們的內心或經歷中，難道不會殘留著久遠而隱約的創傷餘震嗎？至少會有一些核心焦慮、一種災難降臨的不祥預感、一絲麻木、一種被往事驅動的感覺，還有一種存在焦慮，我們或許會隱約感覺到，這一切是人類共同的經歷。

我們碰到有嚴重創傷後壓力症候群症狀的人，例如退伍軍人或有可怕童年創傷的人，可能會刻意迴避，但這麼做也是在迴避自己的創傷後壓力症候群，逃避自己的核心創傷，試圖找到更有效的方式來轉移注意力，不僅遠離痛苦的根源，也不想知道那些受苦的人經歷什麼痛苦。退伍軍人經常罹患嚴重的創傷後壓力症候群，但是相較之下，集體創傷後壓力症候群其實更隱晦，正在悄悄侵蝕我們的內心。

任何狀況只要持續夠久，我們往往會視為常態，逐漸適應，以致全人類的集體創傷後壓力症候群成為司空見慣的現象，伴隨而來的是集體麻木，一些經濟條件不錯的人，還會有琳瑯滿目的強效消遣手段。創傷後壓力症候群不只是令人不安的回憶和反應，還包括我們自認為的「解決方案」，那些幫助我們遺忘痛苦的行為與事物。輕度的創傷後壓力症候群及「解決方案」，一律都被正常化，而真相就深埋在陰影中，即使面對最嚴重的情況，我們也可能麻木或無感。

例如，我們擁有毀滅全人類的能力（全面核戰的潛在威脅仍然存在），但這是一個不受關注的背景問題，儘管這是事實，我們卻沒有感受到威脅。不過只要有特定的人，在特定的條件下，做了關鍵決策，核戰便有可能爆發，我們面對可能的物種毀滅，往往像是吸毒過量的癮君子，只是露出茫然的神情。

集體創傷後壓力症候群往往深埋在陰影中，表面上看似不存在，偶爾才會顯露模糊難辨的背景情緒。但它依然存在，只是受到壓抑，變得難以察覺。面對集體創傷後壓力症候群，首先要**消除麻木**（de-numbing），第一步是承認我們的麻木，以及我們對自我麻木的無感。現在好好感受一下，在麻木底下是什麼情況，起初可能會不知所措，但是只要持續練習，就會懂得控制感受的強度，以免情緒崩潰。消除麻木會激發慈悲心，強化和其他人的連結，無論彼此親疏遠近，讓我們在任何情況下都會有同舟共濟的感覺。

深入感受集體創傷後壓力症候群，不能只停留在理智層面。因此，下一步就是面對個人的陰影，展開深刻徹底的探索。當我們深入探索時，直覺雷達會開始捕捉更久遠的訊息，起初可能是父母曾遭受的個人和集體影響，再來是更久遠的過去。盡可能回到更最古老的時代，不要只把山頂洞人當成笑話，而是要感受那些生命和他們的祖先；透過他們的眼睛看世界，感受他們的環境，還有他們的恐懼、關心與愛。

如今人類的步伐越來越快，受制於加速的文化、數位環境和氾濫的自我毒害行為。人類最深的智慧快要被過量的資訊淹沒了，因而沉溺於我們習以為常的數據迷霧中。然而，還有一個世界近在眼前（更安靜、更從容、更有生命力、更務實的世界，與真正重要的事物緊密連結），把過去和現在結合起來，可以喚醒並治癒我們，讓我們擺脫震驚和麻木。這個世界一直都在，始終向我們開放，永遠是我們的家。我們的任務就是轉向它，重新與它連結，不放棄我們的創傷、基本人性和責任。一步一步來，就從現在開始。

第三十二章

揭露集體陰影

每個人都有自己的陰影；同樣地，每個群體也會有集體陰影，無論是家庭、部落、公司、宗教、政黨或國家。這種共同或集體的陰影，需要我們覺察和探索。如果不了解它，就會自欺欺人，徒增人類自我毀滅的可能性。

未看見或未承認的陰影，會害我們分裂、破碎，陷入雙方對抗的有毒模式之中。

如果有尚未覺察的陰影元素，往往會投射到他人身上。如果我方陣營有一種討厭的特質，就有可能投射到對方的陣營，並否認我方有這樣的特質。而對方陣營是不是真的那樣，一點也不重要，反正我方堅信對方有這種特質，也不願查證是否屬實，即便有些事實反覆強迫我方重新思考。（例如即使對方有這種特質，而我方沒有，我方陣營仍要反省自己，是否可能形成這種**特質**。）於是我方對敵方的同理心，就悄悄藏在陰影中。

將我方討厭的特質投射到對方身上，就能把集體陰影外部化，讓它成為**他們的**問題，而非我們的問題。所謂的他們，或許是其他種族或國家；有不同的政治立場、靈性取向或性取向；對我們而言，這些人可能很陌生。無論他們是誰，將對方當成隔絕開來的**他者**，是一種缺乏同理心的行為，但卻極為常見，經常還伴隨著泯滅人性和看似合理的侵犯行為。一旦把他人簡化，不當成真正的人看待，就會變得冷酷無情，合理化任何惡劣行為，包括攻擊、殖民，甚至是「大屠殺」。這種由陰影驅動的心態，正是集體瘋狂戰爭的核心，儘管人類進步許多，但是在這個時代，一旦爆發戰爭，仍然一如既往的野蠻和醜陋。

當我們陷入集體陰影時，即便能自圓其說，也會與真相嚴重脫節，這是相當危險的。我們會針對自以為的他者，展開動員和武裝，卻是不自覺把自身的陰影投射到他者身上。

如此根深柢固的二元對立，源自未經反思的確信，一直困擾著人類，將我們推向全球災難的臨界點。我並不是說二元對立本身就是問題，或者超越二元就比較高尚；而是我們必須在互相尊重與關懷的空間，堅定處理彼此的差異。但要做到這一點，我們必須先了解自己的陰影，無論是個人層面還是集體層面。

國家的陰影

一九七〇年代初，我用有限的預算遊歷亞洲一年，盡量避開常規的旅遊路線，多和當地人交流。一路上，大家不約而同地對美國特別反感，尤其是不滿美國干涉他國事務。我當時剛好在伊朗，正值沙王掌權。我遇到的每個伊朗人，幾乎都不滿美國支持沙王的專制暴力，如果他們以為我是美國人，恐怕態度會更冷淡。那段久遠的旅行讓我學會了，到每個國家結交新朋友，一定要先表明自己是加拿大人，甚至把加拿大國旗直接縫在背包上。

唐納·川普（Donald Trump）當選，共和黨繼續掌權，美國的國際形象跌到新低，共和黨的思維一點也不人道，而且頑固守舊。川普的口號是「讓美國再次偉大」（Make America Great Again），彷彿美國有一段輝煌時期，但充其量只是少數特權階級的幻想。「自由之地」從來沒有真的成為自由之地，美利堅也從未堅強團結；美國內部一直有著深深的裂縫，所以是一個內部矛盾分裂的國家。我們今日對美國的反感，正是美國長期以來的核心問題，深深埋藏在美國的陰影中，受到大多數人忽略。

那麼，美國的陰影到底有什麼？全部隱藏起來了，還是有露出一部分？（當你閱讀以下的陰影時，別忘了，每個國家都有自己的陰影。）

羞恥。如果是個人，把羞恥推入陰影越深處，越容易變得攻擊性和自大。國家也是如此，尤其是看似無所不能的國家。美國的統治者，除了少數幾位例外，一律都不夠成熟，無法展現真誠的懊悔；丟臉對他們來說就是禁忌。美國面對過去的違規行為，很容易義憤填膺，把矛頭指向別人。美國越是逃避羞恥，對世界（包括美國人）的威脅就越大。

恐懼。美國人的心理充滿恐懼，這會有幾個表現，包括與日俱增的焦慮，還有普遍的偏執、對陰謀論的迷戀、對「安全」的盲目信任、對武器的過度依賴，以及對「外人」的強烈排斥，不僅是外國人，還包括非白人移民、黑人、社會主義者、非基督徒，甚至是原住民。修築更高的圍牆，並不能化解這種恐懼，就算有更好的鎮靜劑，或者用武器來武裝自己，也無解。除非美國人面對個人和集體的恐懼，深究恐懼的根源，否則「勇者之家」（Home of the Brave）將繼續由恐懼驅動，淪為恐懼之地。

自戀，以及美國例外論的無限自我中心。世上還有哪一個國家像美國一樣，耗費如此大量的精力，宣揚自己是世上最偉大的國家？猖狂的自我推銷，以及過度的愛國主義，都反映極端的自我中心。覺察這種自戀，引發羞愧之情是很自然的事。如果這種羞愧沒有變成攻擊性或逃避，反而會化為真正的**謙卑**，有療癒人心的效果，進而打破美國虛假的自豪，讓美國看清自己並沒有那麼優越和進步。

霸凌式的自利。美國至上主義如果走到極端，所要付出的代價遠遠超出人類可以承擔的範圍。凡是不符合美國企業與政治思維的事物，依舊遭到蔑視和貶低，一旦有人提出反對意見，往往會被扣上「不愛國」的帽子。

過度需要自我保護。美國未解決的恐懼，如果展現在國家層面上，就是超額的國防預算，以及在全球各地駐軍，「讓美國感到世界是安全的」；如果展現在地方層面上，因為美國文化非常暴力，例如有大規模的槍擊案（幾乎每天都發生一次），美國人當然會不安（恐懼）。這個問題的「解決方案」之一，就是擁槍自重。但這會**徒增**恐懼，讓情況變得更不安全。因為恐懼就有更多槍枝，而更多槍枝又會加深恐懼，輕鬆取得槍枝，不見得會讓人感到更安全，因為有更多危險分子或討厭你的人，也可能獲得相同的武器。

美化種族主義的歷史。從美國建國之初，這片土地就被嚴格劃分，包括有產者及無產者，後者通常不是白人，還有可能遭受不人道的對待。美國開國元勛是奴隸主（包括美國國歌的創作者），雖然他們口口聲聲宣稱自由和平等，但在有權有勢的圈子裡，從來沒有人認真考慮過自由和平等。是的，其他國家也實行奴隸制，但是很少國家會像美國那樣，以如此自命不凡的態度，來美化、漠視、否認根深柢固的種族主義，以致美國的種族主義至今依然興盛。

太想要當好人、人道主義者、世界守護者。許多人仍然認為美國是民主、善良和自由的堡壘，卻忽視其他相反的證據。美國這個國家的自利行為，常常偽裝成利他行為，或假裝在關懷別人（對比許多美國公民真正的利他行為，簡直就是鮮明的對比）。

不光彩。美國和原住民部落簽訂的條約，有超過五百份條約都違約了，還對許多部落趕盡殺絕；發動越戰；在伊拉克使用大規模毀滅性武器；與獨裁政權結盟；假借「國家建設」的名義，展現帝國主義的野心，為了不那麼高尚的動機，干涉他國內政，這些都是很不光彩的例子，在許多有權有勢的圈子裡，仍然繼續否認或淡化這些行為。對這種不光彩的羞愧，深深埋藏在美國的陰影中，主要透過侵略性和自我膨脹的表現，掩蓋任何真正羞恥的跡象。

道德的缺失。從建國之初，清教倫理就一直汙染美國，至今依然存在，特別是在共和黨內。

漠視弱勢公民。例如，不保證每位美國人都享有醫療服務，另一個例子則是將社會福利計畫貶低為「不勞而獲的權利」，怎麼會有這種態度？因為美國人對低收入和低工資的美國人心存疑慮，認為他們不配取得「政府救濟」。

厭女情結。這麼多年後，厭女情結仍然存在，還很猖獗，許多人卻拚命否認或淡化。沒錯，這是全球現象，但美國傾向塑造自我形象時，總是說自己比其他國家更善待女性，來掩飾或淡化自己的厭女情結。美國的女性，無論地位有多高，往往淪為次等公民。直到一九九三年，全美五十州才把婚內強暴視為犯罪。在美國的許多地方，女性受到性騷擾，無論程度輕重，仍會被當成男性的權利，厭女情結的問題層出不窮。

堅信兩黨制可以為選民提供真正的選擇。民主黨與共和黨看似有所不同，但是大多站在同一邊（政黨利益永遠高於國家利益），僅有少數例外。

不包容異議、迫害吹哨者。例如，愛德華．斯諾登（Edward Snowden）揭發重要真相，卻遭到當權者譴責和打壓。

忽略對生態的長期影響。例如，否認或忽視氣候變遷，許多美國人仍持續幻想世界上有無限的資源。

＊＊＊

在美國當前的歷史中，集體陰影元素快速浮現，速度堪稱前所未見。過去政治和經濟幕後的操作，如今變得更公開，於是貪腐、謊言、不斷膨脹的自私自利、對生態問題的無知，直接呈現在我們的面前。這難道不是一件好事嗎？

是啊！但只有一部分是好事。因為在揭露之後，一開始會引發憤怒和軒然大波，但是很快就變成膚淺的娛樂節目與思想快餐，偏向社群媒體上的無效討論或雜亂訊息，反而會麻痺人心，而不是覺醒。謊言當然不是好東西，但是如果謊言夠多，加上足夠的重新包裝（例如「我不是在撒謊，只是口誤」），一下子就被常態化了。這不就是政治人物和企業大老天生會做的事嗎？誠信的標準已經降得這麼低，幾乎不復存在。

美國的陰影正在浮現，但仍不會動搖美國的統治力量。有時候會引發短暫的熱潮，成為社群媒體的熱門話題，但是因為呈現的方式，變得乏味平淡，就和其他的頭條一樣，暫時像病毒般傳播開來。大家一起被新聞淹沒，一個接著一個，從大事到小事，結果重要的大事緊貼著瑣碎的小事，雖然我們的理智能夠分辨，但在實際生活中，兩者的差異往往模糊得看不清。

分不清大事、小事，其實並不健康，再加上生活中無所不在的干擾，對我們的影響非常大，情況進一步惡化。這些干擾不斷提醒我們要繼續消費，不僅僅是新聞，還有速食、八卦、色情、酒精，以及各種電子麻醉手段（包括對智慧型手機成癮）。再想想廣告插播、無止境的產品置入、普遍的性感廣告、瑣碎的更新，一直在**打斷**我們，分散我們的注意力，讓我們越來越難專注於真正重要的事。

我們看到美國更多的陰影，但是多數人卻無動於衷。美國文化裡有太多令人分心的事物，讓人無法全心感受並專心觀察正在發生的醜陋真相，以致美國的集體陰影無法獲得長期關注。

美國內戰仍在開打，一點也不文明。美國內部有一道深深的裂痕，這道鋸齒狀的斷層線正在**擴大**，加上電子媒體無遠弗屆、即時傳播，導致裂痕越來越明顯。一邊是富裕人士，另一邊是其餘的人；一邊是民主黨與共和黨，提供右翼和極右翼的政策；另一邊則是其餘的人，雖然還沒有找到更好的解決方案，但是他們知道留在現狀已經毫無意義，因為承諾遲早會破滅，腐敗已根深柢固。換句話說，一邊是放著陰影不管，另一邊則更有機會去探索陰影，並善用陰影，包括集體陰影在內。

美國統治者無法真正拆解陰影，因為對自身地位和成見太過執著。於是，深入自我探索就成為禁忌；在美國領導人中，很少有人公開進行心理治療探索，更別說陰影探索了。做這些探索都可能遭到羞辱，彷彿自我探索和真正了解自己是在浪費時間，或是軟弱的表現。

唯有那些深度處理自我陰影的人，才有辦法揭露美國的陰影，深入探索。這群人當然是少數，但是人數正在增加，就在擴大廣度的同時，也要重視深度。美國真正的優點，包括移民的活力、堅韌的精神、開拓的勇氣，以及無數利他且覺醒的公民，等到美國的陰影從黑暗中被帶出來，完成深入而溫柔的探索後，就會扎下更深的根，找到更多志同道合的夥伴，這絕對是一個值得投資的方向。個人的陰影探索，其實是集體陰影探索的基礎，這種堅定的個人主義，背後是對於公共利益的真心重視，還有一股強大的勇氣，這正是我們當前最迫切需要的：**一個真正覺醒與負責任的美國**。

認識我們共同的恐懼

當我們脫離共同的人性，無視共同的苦難、渴望和悲傷時，我們的完整度就會大幅降低，這時候即使有任何特權與福利，都無法彌補我們失落的人性。除非有一天我們能深刻領悟，對別人的所作所為也是對自己的所作所為，否則我們始終是問題的一部分，一直迷失在我們對抗他們這種二元誇大幻象與集體幻覺中。

貨真價實的陰影探索，可以打破這些誇大，讓我們覺察個人和集體的制約，包容自己的一切，沒錯就是**一切**！有意識地全然接納。我們不只會覺醒，還會變得更成熟，開始負起責任，連結真正重要的事物。

探索集體陰影，會更認識集體恐懼，將集體恐懼帶入我們的意識前沿。我們不僅感受到集體恐懼，還感覺它在全球蔓延，傳遞著陰暗的訊息：**我們正受到威脅。我們不安全**。這種潛移默化的焦慮正侵蝕著我們，無論我們多麼拚命尋求解脫，包括集體失憶或麻木，它依然如影隨形。我們承受巨大痛苦，伴隨而來的是嚴重麻木。我們怎麼會把自己推向全球災難和生態崩潰的邊緣？那些呼籲彼此相愛、更加人道、停止自戀的聲音，根本撼動不了什麼深層的麻木。我們需要的不是那麼溫和的呼喚，而是更務實、更艱難、更具衝擊力的轉向（不斷地轉向），**面對**我們的痛苦、厭惡與黑暗，由內而外認識我們的陰影，不再讓它控制我們。

我們主要的工作是**消除麻木**。沒錯，這就是直接感受集體的恐懼，還有更公開感受其他的集體狀態，包括憤怒或悲痛，並且由衷認為，即使我們和其他人大不相同，也會同樣感受到這些情緒。當我們觸及集體恐懼的核心，知道其他人也感受到了，並深受其苦。我們的心會開始敞開，激發出同理心。傷痛開始浮現，感受著所有的痛苦、恐懼，以及許多人承受的折磨。於是，我們的悲傷不再是個人的悲傷，而是變成**集體的悲傷**，跨越時空，全人類歷經千古的共同悲痛。

這份共同的心痛與同舟共濟的深層認知，將我們連結在一起，無論我們的差異有多大。

如果再繼續忽視集體陰影，代價會很高昂，這種無知危險至極。陰影的投射總會帶來破壞，一次又一次引發戰爭，但是現在戰爭的風險大得多，因為人類有能力自我毀滅，執行生態自殺。人類物種和棲地的毀滅，不再只是科幻小說中的情節，而是迫在眉睫的現實，全體人類都要一起面對。

如果要阻止自己衝向懸崖邊緣，探索陰影是必要的。這樣可以喚醒自己，但目的不是要超越或逃避我們製造的混亂，而是要清理這些混亂，從內在核心出發，懷著充滿關愛和積極改革的心去守護全人類，凝聚大家的力量，一起度過難關。

除了要覺察和探索個人陰影外，我們也要對集體陰影做以下幾件事：

覺察它。這種覺察隱含充足的自省，可以看透你如何受到制約，包括個人與文化的制約。當你開始覺察集體的陰影時，就彷彿正在做夢，然後會知道自己在夢境中；即使夢還在持續，你依然清醒，這種清醒會帶來更清晰的新視角，讓你重新看待經歷的一切。

面對它。這並非任由集體陰影或個人反應淹沒你，而是要睜開眼睛，敞開心扉去面對它，盡量不要退縮。集體陰影確實很龐大，但是你的本質更強大。

親近它。首先，了解自己是如何參與、默許集體陰影，如何受它誘惑，因為它崩潰。不要自責，而是帶著更多的慈悲，看待過去迷惑的自己，並深入探索根源。在這個過程中，用心探索這片領域，感受檯面下的一切，盡量靠近它，卻不迷失焦點。

揭開個人歷程。你第一次覺察到集體陰影，是在什麼時候？在此之前，有多長的時間從未質疑它？而質疑它又會有什麼後果？現在是否還容易受它誘惑？如果有相關的創傷，有沒有面對和處理？當集體創傷變成常態時，要如何才能好好質疑它？

為它命名，並且持續。這樣可以創造足夠的空間，讓自己和集體陰影有機會互動，而不是直接被它淹沒。要照亮集體的黑暗，第一步就是為它命名。

覺察主要的情緒。一個是恐懼，另一個是羞恥，有些羞恥甚至會突變，演變成攻擊性。

不忽視集體創傷。集體創傷看似不存在，但是其實深埋其中，或者用看似正常的行為巧妙偽裝。覺察它、感受它，並用療癒的方式加以釋放。

去探索集體恐懼。細膩察覺它的存在，傾聽它傳遞的訊息（例如「我們受到威脅」），但是不要任由它感染你。覺察它對你的影響，消除自己的麻木，當你深入集體恐懼的核心，真正體會它如何影響全世界的其他人時，你的情緒會從恐懼轉為同情，這是一種既心碎又寬廣的感覺，一步步有意識的轉化。

去探索集體悲痛。悲痛無所不在，但大部分未曾表達出來，只深藏在陰影裡。我們許多人沉浸在難以釋懷的傷痛與哀愁中。如果內心有悲痛，可以充分感受並表達出來，反而會把彼此深深連結起來。我們遲早會超越個人悲痛，走向集體的悲痛，再到**普世的**悲痛。這份集體的心碎和失落，讓我們全然敞開心扉，觸及真正重要的事物，這就是探索集體陰影時，不可或缺的慈悲心。

培養一種心境，來包容集體陰影的痛苦。這種心境整合了頭腦、心靈和直覺，同時發揮勇氣、慈悲心及正直。這樣的心境，足以容納一切。

不去抹滅他人的人性。當你看見受到集體陰影控制的人時，可能會不喜歡他們的行為，甚至對他們的行為反對到底，但是不要把他們從你的心驅逐出去。大家都走在同一條路上，無論是沉睡或清醒、麻木或敏感、失聯或保持聯繫、迷失或找到方向，都要攜手共進。

＊＊＊

當前的挑戰前所未見，但深入覺察、心懷慈悲和體現人性的契機，同樣也是空前的。

尾聲

揭露黑暗

轉身，轉向
你在黑暗中
堆積的一切
面對它、揭開它
直到你意識到
你所看到的
正是你自己
隱藏在黑暗的偽裝之下

不再被光蒙蔽
你開始揭開黑夜的面紗
讓自己領悟

深邃到無法言說
讓自己覺察
重要到無法動搖
有一天，即使是最黑暗的日子
也會為你帶來光明

致謝

撰寫本書，儘管困難重重，卻充滿熱情。

可是我的熱情會消退，還要忙著心靈探索工作，還好有妻子黛安的支持，她給我關懷與遠見，讓我得到療癒休息，同時給我力量，能重新投入寫作。她也仔細閱讀全書的內容，幫我做了許多必要的修改，起初我還會抗拒（這很正常），為自己那些華麗的文字和過度的詩意辯護，但是過了不久，我便心懷感激，接納她的洞見。我們一起主持工作坊十年了，她對我的工作瞭若指掌！她做了很多編輯工作，讓本書變得非常好讀。

我要特別感謝編輯艾米．羅斯特（Amy Rost），經過她的塑造，本書比原來的初稿更簡明易懂。羅斯特的編輯技巧極為出色，總是能整理我雜亂的內容，變得容易理解，相當專業。在我的心目中，她就是最棒的編輯。

我也感激所有信任我，願意和我一起探索個人陰影與深層傷痛的人，因為和你們共處，本書才得以實現。

商周其他系列BO0358

你現在的辛苦，來自還沒告別陰影的自己

讓曾經束縛你的內在傷痛，不再綁住你的未來

原文書名／Bringing Your Shadow Out of the Dark: Breaking Free from the Hidden Forces That Drive You
作　　者／羅伯特．奧古斯都．馬斯特斯（Robert Augustus Masters）
譯　　者／謝明珊
企劃選書／黃鈺雯
責任編輯／黃鈺雯
編輯協力／蘇淑君
版　　權／吳亭儀、江欣瑜、顏慧儀、游晨瑋
行銷業務／周佑潔、林秀津、林詩富、吳藝佳、吳淑華

總 編 輯／陳美靜
總 經 理／彭之琬
事業群總經理／黃淑貞
發 行 人／何飛鵬
法律顧問／元禾法律事務所　王子文律師
出　　版／商周出版　115台北市南港區昆陽街16號4樓
電話：(02)2500-7008　傳真：(02)2500-7579
E-mail：bwp.service@cite.com.tw
發　　行／英屬蓋曼群島商家庭傳媒股份有限公司　城邦分公司
115台北市南港區昆陽街16號8樓
電話：(02)2500-0888　傳真：(02)2500-1938
讀者服務專線：0800-020-299　24小時傳真服務：(02)2517-0999
讀者服務信箱：service@readingclub.com.tw
劃撥帳號：19833503
戶名：英屬蓋曼群島商家庭傳媒股份有限公司城邦分公司
香港發行所／城邦(香港)出版集團有限公司
香港九龍土瓜灣土瓜灣道86號順聯工業大廈6樓A室
電話：(852)2508-6231　傳真：(852)2578-9337
E-mail：hkcite@biznetvigator.com
馬新發行所／城邦(馬新)出版集團
Cite (M) Sdn Bhd
41, Jalan Radin Anum, Bandar Baru Sri Petaling,
57000 Kuala Lumpur, Malaysia.
電話：(603)9056-3833　傳真：(603)9057-6622　E-mail：services@cite.my

國家圖書館出版品預行編目(CIP)數據

你現在的辛苦，來自還沒告別陰影的自己：讓曾經束縛你的內在傷痛，不再綁住你的未來/羅伯特．奧古斯都．馬斯特斯(Robert Augustus Masters)著；謝明珊譯. -- 初版. -- 臺北市：商周出版：英屬蓋曼群島商家庭傳媒股份有限公司城邦分公司發行, 2024.12
面；　公分. --(商周其他系列；BO0358)
譯自：Bringing your shadow out of the dark : breaking free from the hidden forces that drive you

ISBN 978-626-390-347-0(平裝)

1.CST: 心理治療 2.CST: 心理衛生

178.8　　113016692

封面設計／蕭旭芳　內文設計暨排版／無私設計・洪偉傑　印　刷／鴻霖印刷傳媒股份有限公司
經 銷 商／聯合發行股份有限公司　電話：(02)2917-8022　傳真：(02) 2911-0053
地址：新北市231新店區寶橋路235巷6弄6號2樓

ISBN／978-626-390-347-0（紙本）　978-626-390-344-9（EPUB）　
定價／399元（紙本）　280元（EPUB）

2024年12月初版

城邦讀書花園
www.cite.com.tw